개구리의 기도 2

ANTHONY DE MELLO, S.J.
THE PRAYER OF THE FROG
A Book of Story Meditations
2nd Volume

Copyright © 1989 by Gujarat Sahitya Prakash, Anand, India
All rights reserved

Translated by HWANG Ae-Kyung
Korean translation copyright © 1995 by Benedict Press, Waegwan, Korea
Korean translation rights arranged with
Gujarat Sahitya Prakash, Anand, India

개구리의 기도 2
1995년 5월 초판
2004년 5월 신정판(4쇄)
2017년 6월 8쇄
옮긴이 · 황애경
펴낸이 · 박현동
펴낸곳 · 성 베네딕도회 왜관수도원 ⓒ 분도출판사
찍은곳 · 분도인쇄소
등록 · 1962년 5월 7일 라15호
04606 서울시 중구 장충단로 188(분도출판사)
39889 경북 칠곡군 왜관읍 관문로 61(분도인쇄소)
분도출판사 · 전화 02-2266-3605 · 팩스 02-2271-3605
분도인쇄소 · 전화 054-970-2400 · 팩스 054-971-0179
ISBN 978-89-419-0408-3 03200

이 책의 한국어판 저작권은
Gujarat Sahitya Prakash와 독점 계약한 분도출판사에 있습니다.
저작권법에 의해 한국 내에서 보호를 받는 저작물이므로
무단 전재와 무단 복제를 금합니다.

앤소니 드 멜로

개구리의 기도 2

황애경 옮김

분도출판사

The Prayer of the Frog

머리말 • 13
경고 • 18

교 육

- 그분은 내가 진짜 사람이라고 생각한 거예요 24
- 신경질적인 아이? 25 • 개에게 간유 먹이기 25
- 찬미하는 천사 26 • 응원단에 뽑힘 26
- 달에서 돌 수집하기 27 • "멈추는 법을 잊었습니다" 27
- 유명한 섬을 바라보기 28 • 휘슬러의 아이들 28
- 도둑질하는 법 배우기 29 • 싱클레어 루이스의 충고 30
- 머리를 쓸 수밖에 없거든요 30
- 배우기를 원하십니까, 가르치기를 원하십니까? 31
- 수박 소동 31 • 차가 없어도 멀리 갔지 32
- 하느님과 과자 32 • 아버지를 닮은 랍비 32
- 왕을 따라하기 33 • 기침하는 앵무새 33
- "요강은 이쪽에 있어요" 34 • 할아버지의 옷 34
- 다른 사람의 사상을 입기 34 • 성교육 35
- 한 시간 동안 지속시키려면 35 • 태프트 대통령의 문제 36
- 위험한 만트라 37 • 소엔 샤쿠가 낮잠을 자다 37
- 엄마한테 맞을래요 38 • 잘못하기 전에 때리기 39
- 심리학자의 마술 39 • 조니의 부모님은 유식하잖아요 40
- 현대 어린이 40 • 석유가 떨어졌어요 40
- 다시 채워 주세요 41 • 무엇이 목표입니까? 41
- 꼬치꼬치 묻는 교장 선생님 42
- 한 사람이라도 구하기 위해서라면 43

The Prayer of the Frog

권위

46 그 사제는 마침내 이해했다 •
46 "폐렴은 치료할 수 있거든요" •
47 정 박사의 도움을 받게 된 경위 •
48 의사가 더 잘 알아요 • 48 당나귀를 믿기
48 우둔한 왕자 • 50 "언제 전쟁이 끝나겠나?" •
50 "내가 웃을 때 웃어라" • 51 마르코니가 모르는 것 •
51 라이트 목사의 판단 착오 • 52 말에게 나는 법을 가르치기
53 철조망 울타리에 앉아 있기 • 53 아코디언 연주자 •
54 "신부님은 뭐든지 알고 있단다" • 55 독수리와 암탉 •
55 아픈 눈을 뽑아 버리기 • 56 다른 의사를 불러 주시오 •
56 마크 트웨인의 명성 • 56 음악에 문외한인 지휘자 •
57 지휘자 • 57 부하의 비평을 환영하는 링컨 •
58 겁 없는 보초 • 59 스승이 비판자를 잃다 •
60 카팅카 • 62 철로 사이에 끼인 트럭 •
62 나이 어린 전문가 • 63 올빼미는 정책을 세운다 •
63 의사가 그림을 진찰하다 •
64 난해한 필적에는 갈색 약병을 •
64 "말이 황달에 걸렸습니다" •
64 좋은 정부에 대한 공자님 말씀 •
65 목발 이야기 • 66 바퀴공의 지혜 •
67 장님의 초롱 •

The Prayer of the Frog

영성

- 높고 어두운 탑 70 • 린 치의 제자는 네댓 명이다 70
- 원 밖으로 내민 발 71 • 의자를 교환하는 흥분 72
- 집시! 72 • 쥐의 심장 73 • 죽고 나서 천당 가기 73
- 수도승 리오넬 74 • 다리 없이도 춤추기 76
- 구덩이 바라보기 77 • "여전히 아흔다섯 살이겠지요" 78
- 먹을 것 대신 진주가 78 • 궁정 여관 79
- 한 시간을 더 사는 행운 80 • 신은 언제 웃으시는가? 81
- 자기 자신조차 자기 것이 아니거늘 81
- 사라지는 산의 보물 82 • 노노코와 도둑 83
- 회교 사원에 있는 도둑 84 • 시장의 소크라테스 85
- 평범한 차가 가장 좋다 85
- 구루와 진주들 86 • 부처와 프란산짓 왕 86
- 원숭이와 하이에나 87 • 나가주나의 황금 그릇 87
- 주네드가 금화를 거절하다 88 • 퀘이커 교도의 공터 89
- 피르스 왕은 언제나 만족하게 될까? 90
- "2달러를 잃었어요" 90 • 평온한 부처님 91
- 그가 욕할 때는 바라보지 마시오 92
- 기도 담요에서 뽐내기 92 • 부처와 강도 93
- 룰루 94 • 전화를 통해 급히 전달하기 94
- 깨달음에 이르기 위한 30년 95
- 모든 것이 종교다 96 • 도에 이르는 방법 96
- 노파와 수도승 97 • 모든 사람에게 만트라를 전하기 97
- 부처가 중도를 걷게 된 경위 98
- 산 위에 있는 두 개의 별 98

The Prayer of the Frog

인간 본성

102 상상 식중독 •
102 두려움이 오만 명의 목숨을 앗아가다 •
103 여자 애와 남자 애를 구분하기 •
103 엘리베이터 안에서 어디로 가나요 •
103 상상 속의 우리 • 104 술 취한 두 사람이 버스를 빌리다 •
104 샌드위치 공포증 • 106 신기한 돌 •
107 라마에게 하는 질문 • 108 "수피 맛있심까?" •
109 판사와 메추라기 • 109 링컨의 아름다움 •
110 까만 풍선도 똑같이 날 수 있다 • 110 골드슈타인과 머피 •
111 자본주의적인 공산주의자 • 111 개를 위한 미사 •
112 교도소의 평판 • 112 시장의 명예 •
113 취하기 위한 한 잔 • 113 "노름할 돈은 있소" •
113 강아지 나누어 주기 • 114 차에 라디오가 없소 •
114 내 땅 도로 찾기 • 115 유령과 콩 •
116 유령과 늑대들 • 116 차라리 화를 내고 싶소 •
118 빵 한 조각 • 119 나치를 용서하기 •
119 조지 거쉰의 천재성 • 120 "벌레들도 할 수 있는걸요" •
121 잠수함의 비상 정지 • 121 당황하지 않게 되었어요 •
122 "폭탄을 좌석 아래에 두시오" •
122 정신과 의사와 죄의식 • 123 정신과 의사와 일중독자 •
123 나이 알아맞히기 •
123 "여자에 대해 생각하지 않게 되었어요" •

The Prayer of the Frog

관계

- 루스벨트와 사냥꾼 126
- 칼빈 쿨리지의 침묵 126 • 소용없는 비법 127
- 나무 상자를 올리느냐 내리느냐 127
- 관절염은 왜 생기나? 128 • 비를 주문하기 129
- 침대에만 누워 있기 129
- "나도 당신에게 싫증이 났어요" 130
- "응, 응" 131 • 친척들에게 들러붙어 살기 131
- 원숭이는 어디에 살 거요? 132
- 조니와 염소 132 • 진정제 133
- 지저분한 이웃 133
- "두 시간 전에 노래를 멈추었는데요" 134
- 그가 거절한다면? 134
- "당신을 믿는다고 약속하겠소" 136
- 나스룻딘이 돈을 빌려 주다 136
- 또박또박 쓰시오 137
- 내가 술을 마시니 당신이 흐리멍텅해 보입니다 137
- 반지에 대한 생각은 변함없어 137
- 초대장 내용을 바꾸기 138
- "하나" 138 • 평화의 대가는? 139
- 침묵을 좋아하는 히피들 139
- 존이 말을 많이 하다 140
- 소란한 페르시아 두레박 140

The Prayer of the Frog

봉사

144 가장 좋은 씨앗을 나누어 주기 •
144 위에 반란을 일으킨 사지들 •
145 나스룻딘이 등에 다이너마이트를 감추다 •
145 "나를 화형시키면 당신에게 문제가 생길 거요" •
146 포담에서는 서지 않습니다 • 146 상상 기절 •
148 "죽어라고 뛰어야죠!" • 148 동물에게 친절을 베풀기 •
148 새에게 사람이 먹는 음식을 주기 •
149 토끼에게 새 모이를 주기 •
149 "당신과 당신이 준 열 잔의 커피 때문이오" •
150 코끼리를 사기 위한 돈 • 150 응급처치 도구 •
150 잠 깨워서 수면제 주기 •
151 귀부인과 거리의 아이 •
151 아내한테서 벗어나려고 음악회에 가요 •
152 "나는 다음 연사요" • 152 종 다섯 개 •
153 자선과 감사하는 마음 • 154 북소리가 말하기를 •
154 언제 의사를 부를 겁니까? • 155 무의식일 때 사제 부르기 •
155 옮길까 아니면 깨울까? • 156 "당신 두통이 내게 왔어요" •
157 친구와 적을 얻는 법 • 158 노파가 노파를 돌보다 •
159 모세의 오해 • 160 참새 박멸 •
160 황금 배꼽 • 162 죽 만드는 돌 •
163 술독의 물 • 164 스승 존의 인내 •
165 깨달음을 위해서 뇌물 주기 •
165 고행 대 자비 • 166 집을 엎은 세상 •
166 상아에 붙은 코끼리 • 167 집과 세상 •

The Prayer of the Frog

깨달음

- 석공 170 • "상관없습니다" 171
- 신발은 어떻게 생겨났는가? 173
- 쇼주 선사와 늑대들 173 • 폭풍 속의 노예 174
- 구출된 사람의 행복 174 • 시계추 175
- 꿀맛 같은 딸기 176 • 절벽에서 떨어질 때는 176
- 그 노인은 시간을 낭비하지 않는다 177
- 소크라테스와 서정시 177 • 두려움을 극복한 경호원 178
- 가미가제 특공대원의 죽음 179 • 마술사와 용 180
- 회교 수도승과 왕 181 • 노예시장에서의 디오게네스 182
- 사마라에서 죽음이 기다리고 있다 182 • 성자와 개가 음식을 나누다 183
- 포도송이 안에 있는 크리슈나 184 • 수행자와 코끼리 184
- 사탕 동물들 186 • "하얀 거요, 검은 거요?" 186
- 뼈들의 차이점 188 • 라마의 뜻 188
- 경찰관과 랍비 190 • 그 양치기는 어떤 날씨라도 좋아한다 190
- 어떤 옷을 입어도 상관없다 191 • 자기 부엌에 있는 보물 191
- 자기 집에 있는 진리 193 • 진주와 악어 이빨 193
- 어떤 날이 굉장한 날인가? 194
- 누가 샌드위치를 만들었나? 195 • "네가 키스할까 봐 겁나" 195
- 인력거 경주 196 • 두 총잡이 196
- 내기에서 이기는 법 197 • 이웃 사람들이 어떻게 생각하는가? 197
- 편도선염으로 죽다 198 • 우리 속의 사자 198
- "나가게 해 줘요!" 200 • 사막에 있는 강 200
- 자나카 왕과 아슈타바크라 201 • "죽은 사람이 말을 하다니!" 203
- 아난다의 깨달음 204

머리말

내가 마음에 간직하고 있는 앤소니 드 멜로에 대한 첫 이미지는 30년 전으로 거슬러 올라간다. 그러니까 바로 로나블라에서, 훨씬 후에 사다나 사목원이 된 바로 그 집에서였다.

그때 앤소니는 예수회 신학생으로서, 수련을 갓 마친 젊은이들을 가르치는 일을 맡고 있었다. 그 그룹 전체가 짧은 휴가 동안에 성 스타니스라우스 빌라에 왔었다. 나는 앤소니가 그 주니어 그룹 — 우리는 그들을 그렇게 불렀다 — 과 함께 부엌 앞에 있는 나무 밑에 앉아 그날 식사에 쓸 채소를 다듬으면서, 무진장 들어 있는 이야기보따리를 풀어 감수성이 퍽 예민한 그 청중들을 즐겁게 해 주던 일이 생각난다.

그 이래로 우리 모두 많은 일들을 겪었고, 앤소니 자신도 성장과 변화에 있어서, 신선한 자신감과 새로운 관심들을 가지게 되는 데 있어서, 그리고 효과적인 봉사를 하는 데 있어서 수없이 많은 단계들을 거쳤다. 그런데 사실 그는 언제나 뛰어난 이야기꾼이었다. 그가 말한 일화들 가운데 어느 하나도 자신이 만든 이야기는 없었다. 또 어떤 이야기들은 특별히 그럴듯한 이야기도 아니었다. 그러나 일단 그의 입에 오르면 의미 있고 적절한 이야기가 되면서 생기를 띠었다. 그러기에 그가 어떤 주제를 다루든 그 주제가 살아났고 주의를 사로잡았다.

그리고 이제 그가 우리에게 준 작별의 선물은 그의 다른 베스트셀러들과 같은 서열에 들게 될 것이 틀림없는 『개구리의 기도』다. 그는 자신이 쓴 글에 관해서는 느긋하게 이야기하는 편이었으나, 자기 글들을 분류해서 배열한 것을 편집하는 데 있어서는 대단히 꼼꼼했다. 미국행 비행기를 타기 전에 그가 인도에서 마지막으로 한 일은 편집장과 세 시간 이상이나 자기 원고를 세밀히 검토하는 일이었다. 나는 그 원고는 못 보았지만, 그의 마지막 관심에 관해서는 알고 있다.

그 일이 있었던 것은 1987년 5월 30일 저녁이었다. 그리고 6월 2일, 그는 뉴욕의 머물던 방에서 심장마비를 일으켜 바닥에 쓰러져 숨져 있는 것이 발견되었다. 그 사이에 그는 시간을 내어 한 가까운 친구에게 긴 편지를 썼는데, 그 편지에서 그는 그전에 체험한 일들에 관해 이야기하면서 이렇게 말했다.

"그 모든 것은 다른 시대에 그리고 다른 세상에 속하는 것 같아. 나는 내 모든 관심이 이제는 뭔가 다른 것에, '영혼의 세계'에 집중되어 있다는 걸 알고 있다. 그리고 그밖의 다른 모든 것은 아주 하찮고 매우 무관한 일들처럼 보인다. 과거에 퍽도 중요했던 것들이 더 이상 중요하게 여겨지지가 않아. 불교 스승이신 아찬 차의 가르침 같은 것들이 내 모든 관심을 다 빼앗는 것 같고, 나는 다른 것들에

관한 맛을 잃어 가고 있다. 이것이 하나의 환상일까? 모르겠어. 그러나 일찍이 내 생애에서 이처럼 행복하고 이처럼 자유롭게 느껴 본 적이 없었어. …"

이 편지는 56번째 생일을 석 달 앞두고 그처럼 갑작스럽게 우리 곁을 떠나기 전 마지막 단계에서의 앤소니의 모습을 있는 그대로 ― 그리고 정말이지 다른 사람들이 그에게서 느꼈던 바를 ― 거의 그대로 요약하고 있다. 그리고 이제 그를 둘러싸고 자라고 있는 일련의 문학이, 즉 세계 여기저기 흩어져 있는 다양한 사람들의 증언들로 이루어진 하나의 진실된 값진 전설이 이미 존재하고 있다. 제법 많은 사람들이 그를 만난 적은 없으나 그의 책을 읽고 깊은 영향을 받았다고 말했다. 어떤 이들은 그와 깊은 관계를 맺는 특권을 즐겼다. 그런가 하면 어떤 이들은 그가 한 말의 마력을 잠시 체험했을 뿐이다.

그가 말하거나 행한 모든 것을 다 받아들이고 따른 사람들은 그리 많지 않을 것이다 ― 특히 그가 영적 모험의 기존 경계선을 넘어선 후에는. 게다가 앤소니 자신도 사람들이 유순하게 따라올 것을 기대하기보다는 차라리 그 반대였다. 그렇듯 많은 사람들이 그의 인품과 아이디어에 매력을 느끼는 것은 바로 그가 모든 사람에게 의문을 갖도록, 탐구하도록, 조립식으로 이루어진 사고와 행위에서 벗어나며 판에 박힌 틀에서 떠나도록, 그래서 과감히 참된 자기가 되도록 ― 요컨대 늘 더 완전한 진정성을 추구하도록 도전하고 있기 때문이다.

진정성에 대한 치열한 추구 ― 그러기에 앤소니의 비전은 어떤 각도, 어떤 맥락에서나 마주치게 된다. 그리고 이것은 그의 다채로운 성품에다 그 특유의 매력과 힘이 있는 하나의 온전함, 하나의 총체

성을 지니게 해 주었다. 즉, 상반되는 요소들을 긴장 속에서가 아니라 하나의 조화 있는 어울림이 되게 하면서 화해시켜 주고 있었던 것이다.

그는 언제고 친구를 사귀고 나눌 준비가 되어 있었는데도 사람들은 그에게는 자기들이 미칠 수 없는 어떤 차원이 있음을 느꼈다. 그는 여러 사람이 모인 데서는 떠들썩하게 굴며 고약한 농담들을 과시하기도 했지만, 그가 뚜렷한 목적을 갖고 끝까지 진지하게 나가는 것을 아무도 의심할 수가 없었다. 그는 살아오면서 퍽도 많이 변했다 — 매우 많은 면에서. 그리고 그럼에도 불구하고 그의 성품에는 확고히 제자리를 지키고 있는 불변의 정수定數들이 있었다.

이 면에 있어서 한 두드러진 예는 예수회 회원으로서의 그의 서약이다. 그는 성 이냐시오의 독창적인 고안에 따른 영성 훈련을 열렬하게 권장하는 선에서 머물지 않고 훨씬 더 발전시켜 나아갔다. 바로 그 추진력 때문에 그는 처음에 국제적으로 인정을 받게 되었다. 사실 마지막에 가서 그는 이냐시오 영성이라고 알아볼 수 없을 정도로 거기서 벗어나 있었다. 그러나 그는 결코 예수회 회원으로서의 자신의 신분을 포기하지 않았다. 이 점에 있어서 분명 강제성은 없었다 — 어쩌면 별로 이유를 따져 보지도 않았을 것이다. 그건 오직 그가 이냐시오 성인을 이해하고 있었기에, 그 성인의 정신과 마음과 너무도 일치되는 것을 느꼈기 때문이었으리라.

1983년 그가 인도의 예수회 관구장들에게, 그들과 그 자신이 지난번 예수회 총회에 가기 전에 한 어느 강론에서, 그는 이냐시오에 대해 통찰한 바를 한 가지 나누었는데, 그것은 오히려 앤소니 자신을 드러내 보여 준 이야기이기도 했다.

"우리의 초기 교부들 가운데 전해 내려오는 전승이 하나 있습니다. 그것은 하느님께서 이냐시오에게 천부의 재능을 주셨는데, 하느님께서는 그 은총을 예수회 전체와 예수회 회원 개개인을 생각해서 주셨다고 합니다. 저더러 이냐시오 성인께서 지니셨던 그 많은 카리스마 중에서 저 자신과 오늘날 우리 예수회를 위해 선택하라고 한다면, 저는 조금도 주저하지 않고 다음의 세 가지를 선택하겠습니다. 그분의 관상과 그분의 창의성과 그분의 용기를."

1987년 9월 14일
파르마난다 R. 디바르카르
(예수회 신부)

경고

인간의 마음은 **진리**를 추구하고 있고, 그 안에서만 자유와 환희를 찾을 수 있건만, 진리에 대한 사람들의 첫 반응이 일종의 적대감과 두려움이라는 것은 참으로 큰 신비다. 그러기에 부처나 예수 같은 인류의 영적 스승들은 청중이 느끼게 될 저항감에 선수를 쳐서 이야기하는 방법을 고안해 냈다. 언어가 지닌 가장 매혹적인 말은 "한 옛날에 …"라는 말임을 알고 있었던 것이다. 한 진실에 대항하기는 예사롭지만, 이야기 하나를 물리치기는 불가능하기 때문이다.『마하바라타』의 저자인 비샤는, 이야기 하나를 주의 깊게 듣는다면 당신은 결코 다시 전과 같이 될 수 없으리라고 했다. 그렇기 때문에 그 이야기는 당신 마음속으로 서서히 들어가서 저 거룩함을 방해하는 장벽들을 무너뜨릴 것이다. 비록 이 책에 있는 이야기들을 그저 재미로 읽는다 하더라도, 어쩌다 읽은 이야기 하나가 당신의 수비망을 살짝 뚫고 들어가, 거의 기대하지 않은 순간에 그 수비망을 폭발시키지 말라는 법은 없다. 따라서 당신은 이미 경고를 받은 것이다!

만일 당신이 깨우침을 얻기 위해서 어리석어질 정도로 용기가 있다면 이렇게 해 보라고 제안하겠다.

이야기 하나를 마음속에 품고 다니다가 한가한 때에 그 이야기를 음미할 수 있게 하라. 그렇게 하면 그 이야기로 하여금 당신의 무의식을 움직여 그 숨은 뜻을 드러내 보일 기회를 주게 될 것이다. 그렇게 되면 어떤 사건이나 상황을 환히 비추어 보아야 할 바로 그때, 전혀 뜻밖에도 그 이야기가 통찰력을 지니게 해 주고, 당신을 내적으로 치유해 주는 것을 보고서 놀라게 될 것이다. 그때서야 당신은 이 이야기를 접함으로써, 당신 자신 이외에는 아무 구루(힌두교 스승)도 필요 없는 깨달음에 관한 강좌 하나를 청강하고 있었다는 것을 깨닫게 될 것이다.

이 이야기들 하나하나가 진리에 대한 계시인만큼, 그리고 진리란 큰 글자로 썼을 때는 당신에 대한 진실을 뜻하는 것이니만큼, 이야기 하나를 읽을 때마다 반드시 오로지 스스로를 더 깊이 이해하게 되길 바라면서 읽도록 하라. 이를테면 의학 책을 읽는 식으로, 즉 자기한테 그런 증세 가운데 어떤 게 있지나 않나 하고 읽듯이. 심리학 책을 읽는 식으로, 즉 친구들이 전형적인 실례가 된다고 생각하며 읽듯이 하지 말고. 당신이 다른 사람을 들여다보게 되길 바라는 유혹에 빠진다면, 그 이야기들은 당신에게 해롭게 될 것이다.

물라(이슬람교 스승) 나스룻딘은 진리에 대한 사랑이 어찌나 열렬했던지, 코란 학자들을 찾아서 여러 차례 먼 여행을 했고, 장터에서 자신의 신앙에 관한 진리들에 대해 토론할 때 이교도들을 끌어들이기를 조금도 주저하지 않았다.

어느 날 그의 아내는 그가 아내를 얼마나 부당하게 대했는지 그에게 말했다 — 그러고는 자기 남편이 그런 종류의 진리에 대해서는 도대체 관심조차 없는 것을 발견했다!

중요한 것은 그런 종류의 진리뿐이다.
우리 가운데 학자와 공상가들이,
그가 수도자이든 속세인이든,
우리들의 이론과 독단적인 주장들을 위해 쏟는
그런 열정을 자신을 아는 데 쏟는다면
정녕 우리 세상은 딴 세상이 될 것이다.

"훌륭한 강론입니다" 하고 그 본당 교우는 사제의 손을 잡고 아래 위로 크게 흔들면서 말했다. "신부님 말씀 모두가 제가 아는 어떤 사람에게 아니면 또 다른 사람에게 꼭 들어맞는 말입니다."

어떤가?

지시

이 책에 실린 이야기들은 배열된 순서대로 읽는 것이 가장 좋다. 한 번에 하나나 둘 이상은 읽지 말도록 ― 그러니까 이야기를 읽고 재미나 느끼기보다는 뭔가 그 이상의 것을 얻고자 한다면.

주의

이 책에 실린 이야기들은 여러 다양한 나라와 문화·종교에서 모은 이야기들이다. 이 이야기들은 인류의 영적 유산 ― 그리고 민중 해학 ― 에 속한다.

   저자가 한 일이란, 한 특정한 목적을 마음에 두고 그 이야기들을 한데 엮은 것뿐이다. 저자의 작업은 직조와 염색 작업이었다. 옷감과 실에 대해서는 전혀 아무 공로도 없다.

개구리의 기도2

교육

한 가족이 식당에 갔다. 여자 점원이 다가와 어른들의 주문을 하나하나 받고는 끝으로 일곱 살 난 소년에게 물었다.

"뭘 먹고 싶니?"

소년은 조심스럽게 주위를 둘러보고 난 후 대답했다.

"핫도그요."

점원이 주문을 받아쓰려는데 소년의 어머니가 가로막았다.

"핫도그는 안 돼요. 으깬 감자와 당근을 곁들인 스테이크를 주세요."

점원은 그 말을 못 들은 척 소년에게 물었다.

"케첩을 바를까, 겨자를 바를까?"

"케첩요." 소년이 대답했다.

"잠시 후에 오겠습니다." 이렇게 말하고 점원은 부엌으로 갔다.

그러자 식탁은 찬물을 끼얹은 듯 조용해졌다. 이윽고 소년이 사람들을 둘러보며 말했다.

"아시겠어요? 그분은 날 진짜 사람이라고 생각한 거예요."

"아이들은 잘 있어요?"

"둘 다 잘 있어요."

"몇 살이나 돼요?"

"의사는 세 살이고 변호사는 다섯 살예요."

메리는 엄마와 바닷가에 갔다.
"엄마, 모래 위에서 놀아도 돼요?"
"안 된다 애야. 옷이 얼룩지잖니?"
"물속에 들어가도 돼요?"
"안 돼, 물에 젖으면 감기 걸리잖니?"
"애들하고 놀아도 돼요?"
"안 돼. 이렇게 사람이 많은 데서 길을 잃으면 어쩌니?"
"엄마, 아이스크림 좀 사 주세요."
"안 돼. 목에 좋지 않아."
마침내 메리는 울음을 터뜨리고 말았다.
엄마는 옆에 있던 여자를 돌아보며 말했다.
"맙소사! 이렇게 신경질적인 아이 본 적 있으세요?"

어떤 사람이 도버만 개에게 간유를 주기 시작했다. 간유가 개에게 좋다는 소리를 들었기 때문이다. 아침마다 반항하는 개의 머리를 다리 사이에 꽉 끼고 양손으로 턱을 벌리고는 간유를 목구멍에 집어넣느라 씨름했다.
  그러던 어느 날 개는 주인 손에서 겨우 빠져나가다가 간유를 바닥에 쏟고 말았다. 그런데 이게 어찌된 일인가! 개가 돌아서서 스푼을 핥는 게 아닌가! 개가 저항한 것은 간유가 아니라 그것을 먹이는 방법이었던 것이다.

오랜 전설에 의하면, 하느님께서 세상을 창조하실 때 네 천사가 다가와 한 마디씩 물었다고 한다. 첫째 천사는 "어떤 방법으로 만드십니까?", 둘째는 "왜 만드십니까?", 셋째는 "제가 도와 드릴 것은 없습니까?", 넷째는 "그게 얼마입니까?" 하고.

첫째 천사는 과학자였고, 둘째는 철학자, 셋째는 애타주의자, 넷째는 부동산업자였다.

그런데 다섯째 천사는 경탄하는 눈으로 세상을 바라보면서 그저 기뻐서 찬미만 하고 있었다. 이 천사는 신비가였던 것이다.

어린 조니는 학교 운동회에 참가하고 싶어 안달이었다. 조니의 마음이 온통 거기에 쏠려 있는 것을 보고 엄마는 선발되지 않으면 어쩌나 하고 걱정되었다. 팀을 나누던 날, 학교에서 돌아온 조니는, 흥분을 감추지 못하고 엄마 품으로 뛰어들며 자랑스러운 듯이 말했다.
"엄마! 기뻐하세요. 내가 응원단에 선발됐단 말이에요."

아이의 성적표에 다음과 같이 씌어 있었다.
"사무엘은 합창단에서 매우 훌륭한 역할을 하고 있습니다.
아주 주의 깊게 감상함으로써."

달 표면을 걸어 본 사람은 아주 극소수에 지나지 않는데, 그중 한 사람이 달에 도착했을 때 예술적인 본능을 어떻게 억눌러야 했는지 자기 경험을 이야기해 준다.

달에서 바라본 지구의 모습은 넋을 잃을 정도로 아름다웠다. 그는 잠시 동안 꼼짝 않고 서서 "정말 기막히게 아름답구나!" 하며 바라보았다.

그러다가 그런 기분을 재빨리 떨쳐 버리고는 "시간 낭비하지 말고 돌을 주우러 가자"고 했다.

두 가지 교육이 있다.
하나는 돈 버는 방법을 가르치는 것이고
다른 하나는 사는 방법을 가르치는 것이다.

어떤 사람이 세계적인 거부 카네기에게 물었다.
"당신은 언제라도 일에서 손 뗄 수가 있었지요. 그렇지 않습니까? 당신은 언제나 필요한 것보다 더 많이 가졌으니까요."

카네기가 대답했다.

"당신 말이 맞습니다. 그렇지만 나는 그럴 수가 없었어요. 그 방법을 잊었거든요."

사색하고 경탄하기 위해서 멈추면
다시는 시작할 수 없을 거라고
여기는 사람들이 많다.

그 노인은 이 세상에서 가장 아름답다고 손꼽히는 섬에서 생의 대부분을 보냈다. 이제 은퇴를 하고 대도시로 돌아와 여생을 보내고 있는데, 어떤 사람이 말했다.
"그렇게 아름다운 섬에서 평생을 사셨으니 정말 행복하셨겠습니다."
노인은 잠시 생각하고 나서 말했다.
"글쎄요, 솔직히 말해서 거기가 그렇게 유명하다는 것을 알았다면, 좀 바라보면서 살았을 겁니다."

어떻게 바라보아야 하는지를 배울 필요는 없다.
단지 눈멀게 하는 학교를 멀리하기만 하면 된다.

미국 화가 제임스 맥네일 휘슬러는 1850년대 초 웨스트포인트에 있는 육군사관학교에서 잠시 지낸 적이 있는데, 별로 좋은 성적을 얻지는 못했다. 이야기를 하자면 다음과 같다.
다리 그리는 일을 맡았을 때, 그는 낭만적인 석조 다리에 잔디로 덮인 둑을 그리고 나서 다리에서 낚시하는 소년들을 그려 마무리지었다.
"이 아이들을 다리에서 없애시오!" 지휘관이 말했다.
"이건 토목공사용 그림이란 말이오!"
휘슬러는 아이들을 강변으로 옮겨 그리고는 지휘관에게 제출했다. 화가 난 지휘관은 소리 질렀다.
"아이들을 없애라고 하지 않았소! 그림에서 완전히 사라지게 하란 말이오!"
그런데 휘슬러의 창작 욕구는 너무도 강했다. 다음 그림에서는 아이들이 정말 "완전히 사라졌는데", 강변에 있는 두 개의 작은 묘에 묻힌 것이다.

자기 아버지가 늙어 가는 것을 본 도둑의 아들이 말했다. "아버지, 아버지께서 일하는 방법을 가르쳐 주십시오. 그래야 은퇴하셨을 때 제가 가업을 이어가지 않겠습니까?"

　아버지는 아무 대답도 하지 않고 그날 밤 어떤 집을 침입할 때 소년을 데리고 갔다. 집안에 들어서자 장롱 문을 열고 아들에게 그 안에 무엇이 들어 있는지 보라고 했다. 소년이 장롱에 발을 들여놓자마자 아버지는 집안이 떠나가라 문을 꽝 닫고 시끄러운 소음을 내면서 빗장을 질러 잠갔다. 그러고는 자신은 아주 조용히 집안을 빠져나갔다.

　겁에 질리고 화가 난 소년은 어떻게 빠져나갈지 몰라 당황했다. 그러고 있는데 묘안이 떠올랐다. 소년은 고양이 소리를 내기 시작했다. 그러자 하인이 촛불을 켜고 고양이를 쫓아내기 위해 장롱 문을 열었다. 문이 열리자마자 소년은 후닥닥 뛰쳐나왔다. 그러자 온 집안 식구가 소년의 뒤를 쫓아왔다. 길가에서 우물을 본 소년은 커다란 돌을 풍덩 집어넣고 어둠 속에 숨었다. 사람들이 물에 빠진 도둑을 보려고 우물 속을 들여다보고 있을 때 소년은 소리 없이 빠져나왔다.

　집으로 돌아온 소년은 화가 났던 사실도 잊고 경험담을 이야기하느라 정신 없었다. 그때 아버지가 말했다.

　"말할 필요 없다. 네가 여기 있지 않느냐? 그걸로 충분하다. 이제 너는 가업을 이어갈 수 있게 되었다."

교육은 삶을 준비하는 것이 아니라 삶 자체여야 한다.

작가를 지망하는 일단의 대학생들이 소설가 싱클레어 루이스에게 강의를 청했다.

루이스는 "작가가 되고 싶은 사람은 손들어 보시오" 하는 질문으로 강의를 시작했다. 모두 손을 들었다.

"그렇다면, 내 강의가 필요 없습니다. 내가 해 줄 수 있는 말은 집에 가서 쓰고, 쓰고, 또 쓰라는 것밖에 없습니다."

그러고 나서 노트를 주머니에 넣고 강의실을 떠났다.

어느 가정주부가 최근에 들여온 복잡한 가전제품을 조립하느라 애쓰고 있었다. 사용법을 참조해 가며 몇 시간 동안 이리저리 궁리해 보았지만 소용이 없었다. 그리하여 결국 포기하고 외출하였다. 부품들을 식탁에 온통 흐트러 놓은 채.

몇 시간 후 돌아와 보니, 부품을 조립한 가정부가 제품을 완벽하게 작동시키고 있었다. 얼마나 놀랐겠는가?

"어떻게 이걸 해냈어요?" 그녀는 감탄하며 외쳤다.

"사모님, 읽을 줄 모르면 머리를 쓸 수밖에 없거든요" 하고 차분한 목소리로 가정부가 대답했다.

기자요 편집장으로 47년 일하던 사람이 은퇴 직후에 지방 교육국에 전화해서 자신의 이력을 설명하고는, 문자 교육 프로그램에 참여하고 싶다고 했다.

한참 동안 아무 소리가 없었다. 그리고 저쪽 전화선에서 목소리가 들려왔다.

"그거 참 좋은 생각입니다. 그런데 가르치기를 원하십니까, 배우기를 원하십니까?"

수박을 훔친 죄목으로 기소된 소년 세 명이 법정에 서게 되었다. 그 판사는 아주 엄격하다고 소문 나 있었기 때문에 소년들은 최악의 벌을 받으리라 예상하면서 초조한 기색으로 판사를 바라보았다.

그런데 판사는 현명한 교육자이기도 했다. 그는 의사봉을 두드리며 말했다.

"어렸을 때 수박을 훔친 적이 한 번도 없는 분은 거수해 주십시오." 그러고는 주위를 둘러보았다.

법관들, 경찰들, 방청객들 그리고 판사 — 모두가 책상 위에 손을 올려놓은 채 가만히 있었다.

그러자 판사가 말했다.

"소송은 기각되었습니다."

어느 신심 깊은 여인이 젊은 세대의 사고방식을 개탄하고 있었다.

"차 때문이에요! 요즘 젊은애들은 춤추고 데이트하기 위해서 얼마나 멀리 가는지 몰라요. 할머니 세대에는 안 그랬죠?"

87세의 노부인이 대답했다.

"글쎄, 우리도 갈 수 있는 한 멀리 간 것은 확실하단다."

엄마: "네가 부엌에서 그 과자를 훔치고 있을 때 하느님께서 거기에 계시다는 사실을 알고 있었니?"

"예."

"그분께서 내내 바라보고 계셨다는 사실도?"

"예."

"그렇다면 하느님께서 뭐라고 말씀하고 계셨다고 생각하니?"

"이렇게 말씀하셨어요. '여기 우리 둘밖에 없다. 두 개 꺼내라.'"

젊은 랍비가 아버지의 뒤를 이었을 때 사람들은 아버지와 닮은 점이 하나도 없다고 말하기 시작했다.

"그와 반대로" 젊은 랍비는 대답했.

"저는 아버지를 꼭 닮았습니다. 아버지는 어느 누구도 모방하지 않으셨지요. 저 역시 어느 누구도 모방하지 않습니다."

자기 자신이 되시오!
위대한 사람들의 행동에 영감을 준
그 내적인 성향을 가지지 않았다면,
그들의 행위를 모방하지 않도록 조심하시오.

헨델의 「메시아」가 런던에서 처음 공연될 때 왕도 거기 있었다. 알렐루야 합창이 연주될 때 벅차오르는 종교적 감동을 억제하지 못하고, 왕은 모든 관례를 무시하고 그 걸작에 경의를 표하기 위해 조용히 일어섰다.
  이것을 본 귀족들도 따라서 일어섰다. 그것이 모든 사람에게 일어서라는 신호가 된 것은 물론이었다!
  그 이후로 알렐루야가 연주될 때는 종교적 감동이라든지 연주를 얼마나 잘했는지와는 상관없이 모두 일어서는 것이 관례가 되었다.

늙은 선원은 앵무새가 자꾸 기침을 하는 것을 보고 담배를 끊었다. 방 안을 가득 메우던 담배 연기가 앵무새의 건강을 해쳤을지도 모른다고 생각한 것이다.
  그는 수의사에게 앵무새를 보여 주었다. 여기저기 철저하게 살펴본 수의사는 앵무병이나 폐렴이 걸린 것은 아니라고 진단하였다. 앵무새가 기침한 것은 주인을 흉내 낸 것에 지나지 않았던 것이다.

죠 삼촌이 주말을 보내기 위해 집에 오자, 지미는 자기의 위대한 영웅과 한방을 사용한다는 사실에 기뻐 어쩔 줄 몰랐다.

불을 끄자마자 지미는 뭔가를 기억해 냈다.

"맙소사, 깜빡 잊어버릴 뻔했어요!" 하고 외치며 뛰어내린 지미는 침대 곁에 무릎을 꿇었다.

죠 삼촌도 꼬마에게 좋지 않은 모범을 보이고 싶지 않았으므로 침대에서 뛰어내려 반대편에 무릎을 꿇었다.

"아이고!" 기겁을 하며 지미가 속삭였다.

"내일 아침 엄마가 보시면 혼나요! 요강은 이쪽에 있어요."

"지위에 어울리는 옷을 입으십시오. 그렇게 초라한 모습을 보니 안 됐다는 생각이 드는군요."

"초라하지 않습니다."

"아닙니다, 초라합니다. 할아버지 본을 보십시오. 언제나 값비싸고 재단이 잘된 옷으로 품위 있게 차려입으셨지요."

"아하! 바로 그 점입니다. 제가 지금 입고 있는 옷은 할아버지가 입으시던 겁니다."

"신발이 한 켤레밖에 없는 철학자가 구두 수선공에게 가서 기다리고 있을 테니 구두를 고쳐 달라고 했다.

"문 닫을 시간이기 때문에 지금은 수선할 수가 없습니다. 맡겨 두셨다가 내일 찾으러 오시는 게 어떻겠습니까?"

"이 구두가 없으면 어디 갈 수가 없는데 …"
"좋습니다. 헌 구두를 빌려 드리지요."
"뭐라구요! 남이 신던 구두를 신으라구요? 나를 어떻게 보고 하시는 말씀이오?"
"머리에는 남의 생각을 담고 다녀도 아무렇지 않게 여기면서, 발에 남의 구두를 신는 것은 안 된다니 참 이상도 하군요."

"오늘은 학교에서 뭘 배웠니?" 아버지가 물었다.
"아, 성교육을 받았어요." 10대 소년이 대답했다.
"성교육이라고? 그래 선생님들이 뭐라고 하시든?"
"글쎄요, 처음에는 왜 하지 말아야 하는지 신부님이 말했고, 다음에는 어떻게 하지 말아야 하는지 의사 선생님이 말했고, 마지막으로는 어디서 하지 말아야 하는지 교장 선생님이 말해 주셨어요."

여학생감이 대학 신입생에게 학교 소개를 하고 나서 성 윤리에 대해서도 한마디 하였다.
"유혹을 느낄 때는 스스로 한 마디만 물어보십시오. 한 시간의 쾌락을 일생의 수치심과 맞바꿀 가치가 있는지."
그리고 강의를 마치면서 질문이 있으면 해 보라고 했다. 그러자 한 소녀가 쑥스러운 듯이 손을 들고 말했다.
"그 한 시간이나마 지속시킬 수 있는 방법을 말씀해 주시겠어요?"

미국 대통령 윌리엄 하워드 태프트의 만찬석상에서 막내아들이 아버지에게 무례한 말을 하였다. 모두들 소년의 무모한 행위에 아연실색하여 방 안은 찬물을 끼얹은 듯 조용해졌다.

"저런" 영부인이 말했다.

"저 아이를 혼내 주지 않을 거예요?"

"그 녀석이 한 말이 아버지인 나에게 한 말이라면 반드시 벌을 주겠소" 하고 태프트가 말했다.

"그렇지만 미합중국 대통령인 나에게 한 말이라면 그것은 헌법상의 권리에 속하는 거지요."

대통령에게는 유익한 비판이
아버지에게는 왜 면제되어야 하는가?

한 구루에게 젊은 제자들이 죽은 것을 소생시키는 데 사용하는 주문을 가르쳐 달라고 졸라 댔다.

"그렇게 위험한 걸 가지고 무얼 하려는 거냐?"

"별 뜻은 없습니다. 그저 믿음을 강하게 하려는 것뿐입니다."

"시기상조의 지식은 위험한 거다."

"그게 무슨 뜻입니까?"

"어떤 능력을 사용할 때에는 반드시 지혜가 따라야 하는데, 그 지혜를 갖추지 않은 사람이 능력을 가지게 되는 것을 말하지."

그런데도 제자들은 끈질기게 졸라 댔다. 마침내 성자는 아주 신중하게 사용하라고 거듭 당부하면서 주문을 말해 주었다.

얼마 후 그 젊은이들이 사막을 지나가고 있는데 새하얀 뼈들이 쌓여 있는 게 보였다. 사람이 많을 때 따르게 마련인 경박한 충동으로 인해 그들은 오랜 명상 끝에만 사용할 수 있는 주문을 그냥 시험해 보기로 하였다.

주문을 외자 뼈들에 살이 붙어 굶주린 늑대들로 변하였다. 젊은이들은 늑대에게 물려 갈기갈기 찢기는 몸이 되고 말았다.

스승 소옌 샤쿠는 주어진 일을 다하고서, 즉 다양하고 지고한 가르침을 제자들에게 남겨 주고 예순한 살에 세상을 떠났다. 점심 식사 후에 제자들은 여름의 나른함을 못이겨 이따금씩 낮잠을 자곤 했지만, 소옌은 낮잠을 자는 일이 결코 없이 시간을 낭비하지 않았는데, 그렇다고 낮잠 자는 제자들을 책망한 적도 없었다고 한다.

소옌은 열한 살 때 이미 텐대 학파의 철학 교의를 공부하고 있었다. 날씨가 몹시 후덥지근하던 어느 여름 날 어린 소옌은 스승이 밖으로 나가는 것을 보고, 팔다리를 뻗고 누워 깊은 잠에 빠져 들었다. 세 시간쯤 지났을 때 소옌은 스승이 들어오는 소리에 놀라 잠이 깼다. 그렇지만 때는 이미 늦었다. 그는 문간에 큰대자로 누워 있었던 것이다.

"실례합니다. 실례합니다." 스승은 누워 있는 소옌 위를 마치 귀빈의 몸 위를 지나듯 조심스럽게 지나가며 속삭였다. 그런 일이 있은 후 소옌은 절대로 낮잠을 자지 않았다고 한다.

골목길을 달려 내려오던 어린 소년이 모퉁이를 급히 돌다 어떤 사람과 부딪쳤다.

"아이쿠! 도대체 어디를 가는데 그렇게 서두르냐?"

"집에요. 엄마가 엉덩이를 때리려고 하거든요."

"엉덩이 맞는 게 그렇게도 좋으냐? 그리 서둘러 달려가게."

"아니오. 하지만 아빠가 나보다 일찍 도착해서 그 커다란 손으로 때리면 더 아플 테니까요."

어린이는 거울이다.
사랑 안에 있으면 사랑을 반영하고,
사랑이 없으면 나누어 줄 게 없다.

나스룻딘이 시동에게 주전자를 주면서 우물에 가서 물을 떠 오라고 말했다. 그런데 소년이 떠나기 전에 뺨을 한 대 치면서 소리치는 것이었다.
"주전자를 떨어뜨리지 않도록 조심해라."
이것을 보고 있던 사람이 말했다.
"잘못을 저지르기도 전에 때리는 건 너무하지 않소?"
나스룻딘이 말했다.
"이 애가 주전자를 떨어뜨려 주전자와 물을 모두 잃은 다음에 때리는 게 낫겠소? 내가 한 대 쳤을 때 이 아이는 단단히 기억하였기 때문에 주전자나 물 모두가 무사할 거요."

젊은 부부가 어쩔 줄 몰라 하며 아동심리학자를 불렀다. 어린아이가 이웃집 목마를 타고 앉아서는 내려오지 않는다는 것이었다.
 집에도 목마가 세 개나 있는데 이 목마만 타겠다고 고집을 부리고 있었다. 억지로 끌어내려 보기도 했지만 울며불며 난리를 쳐서 도로 앉힐 수밖에 없었다.
 심리학자는 먼저 사례비 문제부터 결정하고 나서 아이에게 걸어가 다정하게 머리를 쓸어 주고는 몸을 굽혀 아이 귀에 대고 무언가 정답게 속삭였다. 그러자 아이는 당장 목마에서 내려 양순하게 부모를 따라 집으로 갔다.
 "아이에게 어떤 마술을 썼지요?" 눈이 휘둥그래진 부모가 물었다.
 사례비부터 먼저 챙긴 심리학자가 대답했다.
 "간단합니다. 그애 귀에 대고 말했지요. '당장 말에서 내려오지 앉으면 때려 줄 테다. 앞으로 일주일 동안 앉아 있지 못할 정도로 말이다. 나는 이 일을 하기 위해서 돈을 받고 있거든. 정말이다.'"

**어린이에게 벌주기 전에, 바로 당신이
그 잘못의 원인은 아닌지 스스로 물어 보라.**

부모: "나이 어린 조니가 공부는 너보다 잘하는 이유가 뭐니?"
일곱 살짜리: "그애 부모님이 유식하기 때문이지요."

현대 어린이

어떤 사람이 자녀들에게 음악을 사랑하는 마음을 키워 주려고 피아노를 한 대 사서 배달시켰는데, 집에 돌아와 보니 아이들은 어찌할 바를 모르며 피아노를 바라보고 있다가 물었다.
　"이 피아노는 어떻게 켜는 거예요?"

어린 소년이 난생 처음으로 자기가 살던 대도시를 떠나 시골 구경을 하였다. 소년이 길가에 서 있는데 어떤 노인이 마차를 세우고 가게로 들어가는 게 보였다. 난생 처음 말을 본 소년은 이 신기한 동물에서 눈을 떼지 못했다. 가게에서 나온 노인이 마차를 몰고 갈 준비를 하고 있는데 소년이 말했다.

"아저씨! 이 말씀을 꼭 드려야 할 것 같아서요. 방금 이 말이 석유를 쏟아 버렸거든요."

어린 소녀가 바나나 껍질을 들고 과일 가게에 서 있었다.
"얘야, 무얼 줄까?" 상점 주인이 물었다.
"이걸 다시 채워 주세요."

궁도 학교의 교장은 궁도의 스승인 동시에 삶의 스승이기도 했다.
 어느 날 그 수제자가 지방 경기에서 세 번 연속해서 과녁을 맞추었다. 모두가 열광하며 갈채를 보냈으며, 제자와 스승에게 축하한다는 말이 쏟아져 들어왔다.
 그런데 스승은 감동받기는커녕 오히려 비판적이었다.
 나중에 제자가 왜 그러셨냐고 여쭙자 그는 대답했다.
 "과녁이 목표가 아니라는 것을 배워야 한다."
 "그렇다면 무엇이 목표입니까?" 제자가 물었다.
 그러나 스승은 대답하지 않았다. 그것은 말로 전할 수 있는 것이 아니라 스스로 깨달아야 하는 것이었기 때문이다.

어느 날 제자는 스승이 말한 목표는
성취가 아니라 태도라는 것,
과녁이 아니라 자아의 소멸이라는 것을
알게 되었다.

어떤 교사가 지혜롭고 다정다감한 교육자가 되기 위해서는 많은 시행착오와 어려움을 겪으면서 터득해야 한다는 것을 알게 되었다. 여기 한 예가 있다.

그가 교장직을 맡고 있을 때 한 소년이 찾아와 전학을 가고 싶다고 했다.

"애야, 왜 그러느냐? 뭐 잘못된 일이라도 있니? 맘에 안 드는 게 뭐니? 너는 성적도 좋은데."

"잘못된 것은 없습니다, 선생님. 그저 떠나고 싶어요."

"선생님들 때문에 그러니? 싫은 선생님이라도 있니?"

"아니에요, 교장 선생님. 선생님들 때문이 아니에요."

"그러면 다른 애들 때문에 그러니? 누구와 싸운 거 아니니?"

"아니에요, 그런 게 아니에요."

"수업료 때문에 그러니? 너무 비싸니?"

"아니에요, 교장 선생님. 그런 게 아니라니까요."

교장 선생님은 한참 동안 아무 말도 안했다. 이렇게 하면 소년이 입을 열리라고 확신했던 것이다.

그런데 갑자기 소년이 눈물을 훔치고 있었다. 교장 선생님은 자기가 이겼다고 생각하며 아주 부드럽고 이해심 있는 목소리로 말했다.

"우는 걸 보니 괴로운 일이 있구나. 그렇지?"

소년은 고개를 끄덕끄덕했다.

"그래, 왜 우는지 말해 보렴."

소년은 교장 선생님을 똑바로 쳐다보며 대답했다.

"교장 선생님이 그렇게 꼬치꼬치 물으시니까요."

소년원을 여는 문제를 두고 유명한 교육자를 초청하여 자문을 구했다. 그는 인간적인 교육을 해야 한다고 열정적으로 호소하며, 설립자들은 친절하고 능력 있는 교육자를 확보하기 위해서는 돈을 아끼지 말아야 한다고 역설했다.

그리고 다음과 같은 결론을 내렸다.

"한 사람이라도 타락에서 구제할 수 있다면, 이런 기관에서 투자하는 모든 비용과 노력이 아깝지 않을 것입니다."

나중에 교육국 직원이 말했다.

"한 사람만이라도 구제할 수 있다면 그 모든 비용과 노력이 아깝지 않다니요?"

"그게 제 아들이라면요, 아시겠습니까?"

개구리의 기도2

권위

캘커타의 신비가, 라마크리슈나의 이야기

옛날 어떤 사제가 왕에게 매일 「바가바드 기타」를 낭송해 주었다. 낭송을 마치고 나서 본문을 설명해 준 다음 "전하, 제가 말씀드린 것을 이해하셨습니까?" 하고 물으면, 왕은 대답 대신 "너 자신부터 이해하는 게 좋겠다"고 말할 뿐이었다.

　매일 여러 시간 강의 준비를 하는 데다 자기가 아주 명확하게 설명하고 있다는 것을 알고 있는 가련한 사제는 우울한 나날을 보내고 있었다.

　그런데 사제는 진리를 진지하게 추구하는 사람이었다. 어느 날 명상을 하면서 문득 집·가족·재산·친구·명예·명성 등이 모두 환상, 즉 덧없는 현실에 지나지 않는다는 것을 깨닫게 되었다. 깨달음이 너무도 명확했기 때문에 이 모든 것에 대한 욕망이 사라져 방랑하는 수행자가 되기로 결심했다.

　집을 떠나기 전에 그는 왕에게 전갈을 보냈다.

　"오, 전하! 마침내 이해했습니다."

독감에 걸린 어떤 부인에게 의사의 처방도 별 도움이 되지 않았다.

　"달리 치료할 방법이 없겠습니까?" 낙담한 부인이 물었다.

　"하나 제안해 보지요." 의사가 말했다.

　"뜨거운 물에 샤워를 하고 나서 물기를 닦지 말고 옷을 벗은 채 바람이 부는 곳에 서 계십시오."

"그렇게 하면 치료가 되나요?"
"아니오. 그렇게 하면 폐렴에 걸릴 겁니다. 그건 제가 치료할 수 있는 병이지요."

스승이 병 주고 약 준 적은 없는지?

"훌륭한 의사 좀 소개해 주시겠습니까?"
"정 박사를 추천하지요. 그분이 내 생명을 구해 주었습니다."
"어떻게요?"
"글쎄요, 내가 중병에 걸려 징 박사를 찾아갔는데, 그분이 준 약을 먹고 병이 더 심해졌어요. 그래서 장 박사에게 갔는데, 그분이 준 약을 먹고 거의 죽을 지경에 놓였지요. 마지막으로 정 박사를 찾아갔는데, 마침 그분이 안 계시더군요."

"소풍 갈 때 노새를 데리고 간 게 천만다행이었습니다.
어떤 아이가 다쳤는데 노새가 없었으면 난감했을 겁니다."
"그 아이는 왜 다쳤는데요?"
"노새가 찼거든요!"

권위에 맹종하면 분별력을 잃는다.

의사가 침대에 누운 사람에게 귀를 대 보고는 말했다.
"안됐습니다만, 당신 남편은 이 세상 사람이 아닙니다."
그러자 침대에서 가냘픈 목소리가 들려왔다.
"아니오, 나는 아직 살아 있습니다."
"잠자코 계세요." 부인이 말했다.
"의사 선생님이 어련히 잘 아실까?"

이웃 사람이 나스룻딘에게 당나귀를 빌리러 왔다.
"다른 사람에게 빌려 주었습니다."
그때 외양간에서 당나귀 울음소리가 크게 들려왔다.
"저거 당나귀 울음소리 아닙니까?"
"그래, 당신은 누구를 믿겠다는 거요? 나요, 당나귀요?"

황태자는 좀 모자란 사람이었다. 그래서 왕은 특별한 가정교사를 두었다. 유클리드의 제1 정리를 조심스럽게 설명하면서 수업이 시작되었다.
"전하, 이해하시겠습니까?"
"아니."
그러자 가정교사는 다시 한 번 천천히 설명하였다.
"이제 이해하셨습니까?"

"아니."

다시 한 번 설명하였으나 허사였다. 열 번을 설명해도 멍청한 황태자가 이해하지 못하자 가엾은 가정교사는 드디어 울음을 터뜨리며 말했다.

"믿어 주십시오, 전하. 이 이론은 진리이고, 이게 그것을 증명하는 방법입니다."

이 말을 들은 왕자는 벌떡 일어나 정중하게 절하며 말했다.

"스승님, 저는 스승님을 전적으로 믿습니다. 따라서 스승님이 그 이론이 진리라는 것을 확신하신다면 저도 그것을 온 마음으로 받아들입니다. 진작 그렇게 말씀해 주셨으면 이렇게 시간을 낭비하는 일 없이 다음 이론으로 나갔을 텐데요."

그렇게 해서 당신은 기하학에 대해
모르면서도 모든 정답을 알게 된다.
하느님을 모르면서도 자기들에게 맞는
교리는 모두 알고 있듯이.

권위 있는 사람에게 "나는 바보입니다.
나 대신 생각해 주십시오" 하고 말하는 것은
"나는 목마릅니다. 나 대신 물 좀 마셔 주십시오"
하고 말하는 것과 같다.

페르디난드 포크 장군은 제1차 세계대전 당시 연합군 사령관이었다. 기자들은 운전병 피에르와 친해지고 싶어 끈질기게 달라붙었는데 그 이유는 장군의 생각을 알고 싶었기 때문이다. 그들의 질문은 항상 전쟁이 언제 끝나겠느냐는 것이었는데 피에르는 결코 말을 하려 들지 않았다.

어느 날 사령부를 막 떠나는 피에르를 보고 기자들이 주위에 몰려들었다. 그러자 피에르는 말했다.
"오늘은 장군이 말씀을 하셨습니다."
"무슨 말씀을?"
"'피에르, 자네 생각은 어떤가? 전쟁이 언제 끝날 것 같은가?' 하고요."

어떤 목사가 책상에 앉아 쓰고 지우고 하며 설교를 준비하고 있었다. 그때 어린 딸이 다가와 어디서 아이디어를 얻느냐고 물었다.
"물론 하느님한테서지." 목사는 대답했다.
"그런데 지워 버리는 글자는 뭐예요?"

어느 키 큰 사람이 영화관에서 뒷좌석에 앉은 어린 소년을 보고 말했다.
"얘야, 화면이 보이니?"
"아니오."
"걱정 마라. 나를 보고 있다가 내가 웃을 때마다 따라 웃으면 된다."

부처님이 말씀하셨다.
"수도승이나 학자들은 나를 존경한다는
이유만으로 내 말을 받아들여서는 안 된다.
대장장이가 자르고, 녹이고, 긁고, 문질러서
금을 분해하듯이 내 말을 검토해야 한다."

라디오의 천재 마르코니는 친구와 함께 무선통신의 복잡한 내용에 대해 이야기하느라 실험실에서 꼬박 밤을 새웠다.

　실험실을 나서면서 마르코니가 문득 말했다.

　"나는 라디오에 대해 일생을 연구해 왔는데 도무지 이해할 수 없는 게 딱 하나 있다네."

　"자네가 라디오에 대해 모르는 게 있다니! 그게 뭔가?"

　"왜 그것이 작동하는가?"

여러 해 전 미국 동해안의 연로한 목사가 서해안에 있는 작은 신학 대학을 방문했다. 목사는 학장 집에 머물렀는데, 그는 물리학과 화학 교수로서 진보적인 젊은이였다.

　어느 날 학장은 학부 교수들을 만찬에 초대했다. 목사의 지혜와 경험으로부터 무언가 배울 수 있는 기회를 가지기 위해서였다.

　만찬이 끝나자 화제가 그리스도 재림으로 돌아갔다. 연로한 목사는 그게 멀지 않았다고 주장했다. 그 이유는 자연에서 발견될 것은 모두 발견되고 발명될 것은 모두 발명되었다는 것이었다.

학장은 인류는 새롭고 빛나는 것을 발견하는 문턱에 서 있다고 말하며 정중하게 이의를 제기했다. 그리고 앞으로 50년이면 인간이 하늘을 날 수 있을 거라고 했다.

그러자 목사는 폭소를 터뜨리며 큰 소리로 말했다.

"말도 안 되는 소리요, 젊은이. 인간이 날기를 원하셨다면 하느님께서는 날개를 주셨을 것이오. 날 수 있는 것은 오직 새들과 천사들뿐이오."

목사의 성은 라이트였다. 그에게는 아들이 둘 있었는데, 하나는 오르빌이고 다른 하나는 윌버로서 처음으로 비행기를 발명한 사람들이다.

옛날 인도에서 어떤 사람이 사형선고를 받았다. 그 사람은 제발 그 선고를 거두어 달라고 간청하면서 말했다.

"자비를 베푸시어 목숨만 살려 주신다면 일 년 안에 전하의 말이 날도록 훈련시키겠습니다."

"좋다." 왕이 말했다.

"그렇지만 일 년 안에 말이 날지 못한다면 죽음을 면치 못할 것이다."

걱정이 된 가족들이 어떻게 그 제안을 실행에 옮기겠냐고 물었.

그는 말했다.

"일 년 안에 왕이 죽을지도 모르고, 말이 죽을지도 모르지 않소? 또 누가 아나? 말이 날 수 있게 될지!"

젊은 과학자가 구루 앞에서 현대 과학의 업적에 대해 자랑하고 있었다.

"우리는 새처럼 날 수 있습니다. 새들이 하는 것은 뭐든지 할 수 있는 겁니다."

"철조망 울타리에 앉는 것만 제하고는" 하고 구루가 말했다.

환자를 조심스럽게 진찰한 의사가 말했다.

"폐렴입니다. 당신은 음악가지요?"

"그렇습니다." 환자는 놀라며 대답했다.

"관악기를 다루지요?"

"맞습니다. 그걸 어떻게 아셨습니까?"

"그야 기본이지요. 폐가 심하게 뒤틀리고 후두에 염증이 생겼습니다. 심한 압박에 의한 것임에 틀림없습니다. 그런데 어떤 악기를 다루십니까?"

"아코디언입니다."

무류성의 위험!

본당신부의 생일날 어린이들이 선물을 가지고 축하하러 왔다.
신부는 마리아가 가지고 온 선물 꾸러미를 받고 말했다.
"아! 알겠다. 책을 가지고 왔구나."
(마리아의 아버지는 시내에서 서점을 경영하고 있었다.)
"맞아요. 어떻게 아셨어요?"
"신부님은 뭐든지 알고 있단다!"
"그리고 토미, 너는 스웨터를 가지고 왔구나." 토미가 내미는 선물 꾸러미를 집어 들며 신부가 말했다.
(토미의 아버지는 모직 제품을 취급하고 있었다.)
"맞았어요. 어떻게 아셨어요?"
"아하! 신부님은 뭐든지 안다니까."
그런 식으로 축하식이 진행되고 있었다.
사제는 바비가 내민 상자를 집어 들었다. 그것은 젖어 있었다.
(바비의 아버지는 술을 팔고 있었다.)
"아, 너는 스카치를 한 병 가지고 왔는데 좀 쏟았구나."
"틀렸어요. 이건 스카치가 아니에요."
"그러면 럼주겠구나."
"그것도 아니에요."
신부의 손가락이 젖었다. 손가락을 혀에 대고 맛보았으나 도무지 무슨 술인지 알아맞힐 수가 없었다.
"진이니?"
"아니라니까요." 바비가 말했다.
"저는 강아지를 가지고 왔어요."

어찌어찌해서 닭이 알을 까고 있는 헛간 구석에 자리 잡게 된 새끼 독수리는 다른 병아리들과 함께 세상 구경을 할 수 있게 되었다.

그런데 어찌된 일인지 이 갓난 새는 날고 싶다는 갈망을 느끼기 시작했다. 그래서 엄마 닭에게 말했다.

"언제 나는 법을 가르쳐 주시겠어요?"

딱한 어미 닭은 자신은 날 수 없다는 것과 다른 새들은 갓난 새들에게 어떻게 나는 법을 가르쳐 주는지 하나도 몰랐지만 부끄러워서 솔직하게 말할 수 없었다. 그래서 말했다.

"아직 멀었다, 애야. … 네가 좀 더 자라면 가르쳐 주마."

몇 달이 지나자 어린 독수리는 자기 엄마가 나는 방법을 모르는 게 아닌가 하는 생각이 들기 시작했다. 그렇지만 스스로 벗어나서 날아갈 수도 없었다. 세상 구경을 할 수 있게 해 준 어미 새에게 감사하는 마음에 날고 싶다는 강렬한 갈망을 묻어 버렸기 때문이다.

칼리프는 보고에 따라 궁정의 최고 고문으로 나스룻딘을 임명하였다. 그의 권위가 능력에서 나온 것이 아니라 칼리프의 비호에서 나온 것이었기 때문에, 자문을 구하는 사람에게 위험한 존재가 되었다. 다음 예를 보면 잘 알 수 있다.

"나스룻딘, 당신은 경험이 풍부하십니다." 신하가 말했다.

"눈이 쓰리고 아픈데, 어떻게 하는 것이 좋겠습니까?"

"내 경험을 말해 보지요" 하고 나스룻딘이 말했다.

"나는 치통으로 고생한 적이 있는데 이를 뽑고 나니 아픈 게 사라집디다."

의사는 이제 진실을 말해 줄 때가 왔다고 판단했다.
"당신은 기껏해야 앞으로 이틀밖에 살지 못합니다. 죽기 전에 정리할 게 있겠지요. 누구 만나고 싶은 사람 있습니까?"
"네."
"누구입니까?"
"다른 의사요."

젊은 작가가 마크 트웨인에게 말했다.
"저는 작가 자질이 없다는 생각이 듭니다. 선생님도 이런 느낌이 드신 적이 있습니까?"
"그럼요" 하고 트웨인이 대답했다.
"글쓰기 시작한 지 15년이 되면서 문득 나는 글재주가 하나도 없다는 생각이 들더군."
"그때 어떻게 하셨습니까? 글쓰기를 포기하셨습니까?"
"어떻게 그럴 수 있어? 그때 나는 이미 유명해져 있었는데."

오케스트라를 지휘하고 싶다는 오랜 숙원을 실행에 옮기기로 작심한 어느 부자가 드럼 주자 한 사람과 색소폰 주자 세 사람, 그리고 바이올린 주자 스물네 사람을 고용했다.
첫번째 리허설에서 지휘가 아주 엉터리라는 것을 알게 된 드럼 주자는 다른 연주자들에게 함께 떠나자고 했다. 그런데 색소폰 주자 한 사람이 말했다.

"왜 떠납니까? 우리 보수는 좋은 편입니다. 게다가 지휘자는 음악에 대해 배워야 하구요."

그다음 리허설 때 지휘자는 박자를 놓쳤다. 그래서 드럼 주자는 요란하게 연주를 시작했다. 지휘자는 조용히 하라고 말하면서 연주자들을 노려보았다. 그리고 말했다.

"누가 그랬습니까?"

어떤 친구가 오케스트라 매니저에게 단원이 되고 싶다고 말했다. 매니저가 물었다.

"어떤 악기를 다룰 수 있습니까?"

"없습니다. 그렇지만 다른 사람들이 연주하고 있을 때 앞에서 막대기를 흔들어 대는 사람이 있지요? 그건 제가 할 수 있을 것 같습니다."

아브라함 링컨은 한 관리의 말만 듣고 몇몇 연대를 옮기라는 명령에 서명하였다. 명령을 받은 국방장관 스탠톤은 대통령이 대단한 실수를 했다고 확신하여 그 명령을 실행하지 않았다. 게다가 "링컨은 바보다!" 하고 말했다.

이 말을 보고받은 링컨이 말했다.

"스탠톤이 바보라고 했다면 그 말이 맞을 겁니다. 그는 실수한 적이 별로 없었으니까요. 가서 알아보아야겠습니다."

링컨은 스탠톤을 찾아갔다. 스탠톤의 설명을 듣고 그 명령이 잘못 되었다는 것을 확인한 링컨은 신속히 철회하였다. 링컨에게 비판을 환영하는 위대함이 있었다는 것은 모두가 아는 사실이다.

육군 신병이 특별한 깃발이 없으면 들여보내지 말라는 지시와 함께 부대 입구를 지키라는 명령을 받았다.

어느 날 장군이 탄 차가 지나고 있었다. 장군은 운전병에게 보초를 무시하고 계속 가라고 명령했다. 그러자 신병은 앞으로 다가가서 방아쇠를 당길 준비를 하고는 침착하게 말했다.

"실례합니다, 장군님. 저는 이런 일에는 경험이 없습니다. 제가 쏠 사람이 누구입니까? 장군님입니까, 운전병입니까?"

윗사람의 권위에 구애받지 않고
아랫사람이 당신의 권위에 구애받지 않게 할 때
당신은 위대해질 수 있다.

미소한 사람들에게 오만하지 않고
거만한 사람에게 굽신거리지 않을 때
당신은 위대해질 수 있다.

하느님의 사람으로 존경받던 랍비가 있었다. 그 집에는 이 거룩한 사람의 충고나 치유 혹은 축복을 받기 위해서 수많은 사람들이 매일 모여들었다. 랍비가 말을 하면 사람들은 한 마디라도 빠뜨릴세라 열심히 귀 기울였다.

그런데 청중 중에는 기분 나쁜 사람이 하나 있었는데 그는 랍비에게 반박할 기회를 한 번도 놓치지 않았다. 약점을 주시하는가 하면 잘못을 비웃곤 해서 제자들을 당황하게 만들었던 것이다. 마침내 제자들은 그 사람을 악마의 화신이라고 여기기에 이르렀다.

그런데 어느 날 그 "악마"는 병들어 죽었다. 모두가 안도의 숨을 내쉬었다. 겉으로는 숙연한 표정을 지으면서도 속으로는 이 무례한 이단자가 죽었으니 스승의 영감 어린 설교가 방해받지 않고 그 행위가 비난받지 않게 되었다고 기뻐했다.

그래서 스승이 장례식에서 진심으로 애통해하는 것을 보고 사람들은 놀랐다. 나중에 어떤 제자가 영혼이 불쌍해서 그랬냐고 여쭙자 스승이 대답했다.

"아니다. 이제 그 사람은 천국에 있을 텐데 그 영혼을 위해 울 필요가 어디 있겠느냐? 나 자신이 불쌍해서 우는 거다. 그 사람은 내 유일한 친구였다. 나는 존경하는 사람들로 둘러싸여 있는데, 내게 도전한 사람은 그 사람뿐이었다. 이제 그가 떠났으니 도전하는 사람도 없어졌다. 나는 이제 더 이상 성장하지 못할 거다."

이렇게 말하면서 스승은 울음을 터뜨렸다.

어느 여인이 랍비 이스라엘을 찾아와서 고민을 털어놓았다. 20년이나 결혼 생활을 했지만 아들을 낳지 못했다는 것이다.
"정말 우연의 일치로군요" 하고 랍비가 말했다.
"우리 어머니도 그랬습니다."
그러고는 다음 이야기를 들려주었다.

우리 어머니에게도 20년이나 자식이 없었습니다. 그러던 어느 날 거룩한 성자 발 셈 토브가 시내에 왔다는 소리를 듣고, 그가 머무는 집으로 달려가 아들을 가지게 기도해 달라고 청했습니다.
"그 대신 무얼 하겠습니까?" 하고 성자가 물었습니다. "제가 무얼 할 수 있겠습니까?"
어머니는 대답했습니다.
"우리 남편은 가난한 사서입니다. 하지만 스승께 드릴 것은 있습니다."
말을 마친 어머니는 집으로 달려가서 궤를 조심스럽게 열고는 거기에 소중히 간직되어 있던 카팅카를 꺼냈습니다. 모두 알다시피 카팅카는 신부가 결혼식에 입는 망토로서 대대손손 물려 오는 소중한 가보입니다.
어머니가 시내에 갔을 때 성자는 이미 다른 마을로 떠난 후였습니다. 그래서 어머니는 그 마을로 찾아갔습니다. 돈이 없었기 때문에 그 먼 길을 걸어서 가야 했습니다. 어머니가 마을에 도착했을 때 랍비는 이미 다른 목적지를 향해 떠난 후였습니다. 어머니는 랍비를 찾아 여섯 달이나 이 마을 저 마을로 돌아다녔습니다.
마침내 랍비를 만난 어머니는 카팅카를 건네주었고, 랍비는 그것을 그 지역의 회당에 바쳤습니다.

랍비 이스라엘은 말을 맺었다.
"어머니께서는 줄곧 걸어서 집으로 돌아오셨습니다. 그로부터 일 년 후에 태어난 아이가 바로 저입니다."
"정말 우연의 일치로군요." 여인은 외쳤다.
"저도 당장 집에 있는 카팅카를 가져올 테니 지역 회당에 봉헌해 주십시오. 그러면 저에게도 아들을 점지해 주시겠지요."
"아, 아닙니다. 부인," 랍비가 애석하다는 표정을 지으며 말했다.
"소용없습니다. 당신은 우리 어머니와 다릅니다. 우리 어머니는 전례를 가지고 있지 않았지만, 당신은 우리 어머니의 이야기를 다 들었으니까요."

성인은 사다리를 사용한 다음에 버린다,
다시는 사용하지 못하도록 …

커다란 트럭이 굴다리 밑을 지나다가 그만 그 사이에 끼어 버렸다. 기술자들이 달려와 온갖 수를 동원하며 빼내려고 했지만 소용이 없었다. 교통이 마비되어 도로에는 차들이 빽빽히 늘어서 있었다.

그러는 동안 어린 소년이 감독에게 뭔가 말하려고 계속 애쓰고 있었는데 그럴 때마다 떠밀리곤 했다. 마침내 아주 지쳐 버린 감독이 말했다.

"너는 뭔가 알고 있는 것 같은데, 말해 보아라."

"네." 소년이 말했다. "타이어에 구멍을 내 보세요."

보통 사람의 마음에는 여러 가지 가능성이 있지만,
기술자의 마음에는 한두 가지 대안밖에 없다.

1930년대쯤의 일이다. 미국의 어느 회사가 일본에 기계 하나를 팔았다. 한 달 후 미국 회사에 국제 전보가 왔다:

　　기계가 작동하지 않음.
　　수리할 사람을 보내기 바람.

미국 회사는 사람을 보냈다. 일본 회사는 기계를 살펴볼 기회조차 주지 않은 채 두번째 전보를 쳤다:

　　이 사람은 너무 젊음.
　　노련한 사람을 보내기 바람.

미국 회사는 답신했다:

    그 사람에게 맡기는 게 좋음.

    이 기계를 발명한 사람임.

지네가 올빼미를 찾아와서 다리가 아파 죽겠다고 호소하자 올빼미가 말했다.

"자네는 다리가 백 개나 달렸으니 너무 많아! 쥐가 되게나. 다리가 넷밖에 없으니 고통이 25분의 1로 줄어들겠지."

"그거 참 좋은 생각입니다." 지네가 말했다.

"이제 쥐가 되는 방법을 가르쳐 주십시오."

"하찮은 일로 귀찮게 굴지 말게." 올빼미가 말했다.

"내가 이 자리에서 하는 일은 원칙을 세우는 거라네."

위대한 화가가 자기 그림 중에서 가장 좋은 것을 골라 의사 친구에게 봐 달라고 했다. 의사는 세세한 부분까지 살펴가며 아주 철저하게 관찰하고 있었다.

10분이 지나자 화가는 좀 불안해졌다.

"그래, 어떻게 생각하는가?"

"이중 폐렴에 걸린 것 같네."

전문가를 맹신하는 위험

어떤 사람이 친구의 편지를 받았는데 글씨가 엉망이어서 도무지 읽을 수가 없었다. 이리저리 애써 보던 그는 마침내 동네 약사의 도움을 청하기로 했다.
약사는 한참 동안 그 편지를 바라보고 나서 선반에서 커다란 갈색 병을 꺼내서 카운터에 내밀면서 말했다.
"2달러입니다."

대학생들이 구내식당의 맥주 맛이 형편없다고 불평하였다.
그리고 그 성분을 알아보기 위해 맥주를 병에 조금 덜어서 병원 실험실에 보냈다.
그리고 다음 날 검사 결과를 받았다.
"말이 황달에 걸렸습니다."

제자가 공자에게 물었다.
"좋은 정부가 기본적으로 갖추어야 할 요소는 무엇입니까?"
"식량, 무기 그리고 백성들의 신뢰."
"그런데, 이들 중 어느 하나 없이 지내야 한다면 어느 것을 포기해야 합니까?"
"무기."
"나머지 둘 중에 어느 하나를 버려야 한다면요?"

"식량."

"그렇지만 식량이 없으면 백성들이 죽지 않습니까?"

"사람은 언젠가는 죽게 되어 있다. 그렇지만 지배자를 믿지 않는 백성이야말로 정말로 죽은 것이다."

사고 때문에 다리를 잃게 되자, 추장은 목발에 의지하는 신세가 되었다. 그는 목발을 짚고 점점 더 빨리 걸을 수 있게 되었는데, 심지어는 춤을 추기도 하고 목발 끝으로 돌아 사람들을 즐겁게 해 주기도 하였다.

자녀들에게도 목발 사용법을 가르쳐 주었다. 그러자 목발을 짚고 걷는 것은 지위의 상징이 되었고 곧 온 마을 사람이 목발을 사용하게 되었다.

그러면서 네 세대가 지나자, 마을 사람 모두가 목발 없이는 걸을 수가 없게 되었다. 학교의 교과 과정에는 "목발 사용법 — 이론과 실습"이 포함되기에 이르렀고, 목수는 솜씨를 맘껏 발휘하였다. 이제는 전기나 배터리로 작동시키는 목발을 개발하자는 말까지 생겨났다!

어느 날 한 진보적인 청년이 마을 원로들 앞에 나가 하느님께서 사람들에게 다리를 주셨는데 왜 모든 사람이 목발을 짚고 다녀야 하느냐고 여쭈었다. 어른들은 이 조무라기가 잘난 척하는 게 가소로워 본때를 보여 주기로 했다.

"그렇다면 어떻게 걷는지 시범을 보여라."

"좋습니다!"

그리하여 젊은이는 다음 일요일 열 시에 마을 광장에서 시범을 보여 주기로 하였다. 온 마을 사람이 모여들었다. 젊은이는 목발을 짚고 절뚝거리며 광장 한가운데로 가서는 마을 시계가 열 시를 알리자 똑바로 서서 목발을 던져 버렸다. 젊은이가 용감하게 한 발 내디딜 때 군중은 숨을 죽이고 바라보았다 — 그런데 젊은이는 얼굴을 땅에 박고 쓰러져 버렸다.
　이를 본 마을 사람들은 목발에 의지하지 않고는 걸을 수 없다는 확신을 더욱 굳히게 되었다.

바퀴공이 홀의 저쪽 아래에서 일하고 있을 때, 치의 왕자 후안이 이쪽 위에서 책을 읽고 있었다.
　바퀴공이 끌과 나무망치를 내려놓고 왕자에게 다가와 무슨 책을 읽느냐고 물었다.
　"현인들의 어록을 담은 책일세."
　"그분들은 살아 계십니까?"
　"아, 아니, 모두 돌아가셨다네."
　"그렇다면 왕자님이 읽고 계신 것은 죽은 사람들의 먼지나 찌꺼기에 지나지 않을 수도 있습니다."
　"내가 읽는 책을 두고 감히 그런 말을 하다니! 네 말에 책임을 져라. 그렇지 않으면 목숨이 달아날 것이다."
　"바퀴공으로서 한 마디 하자면 이렇습니다. 바퀴를 만들 때, 너무 천천히 치면 깊게 패지만 견고하지는 않습니다. 또 너무 빨리 치면 견고하지만 깊게 패지 않습니다. 너무 빠르지도 않고 너무 느리지도 않게 치는 솜씨는 손으로만 되는 것이 아니라, 마음에서 우러나오는 것인데, 그것은 말로 표현할 수 있는 게 아닙니다. 거기에는 내 아들에게도 전해 줄 수 없는 그 무언가가 있지요. 그렇기 때문에 저는 이 일을 아들에게도 넘겨주지 못하고 일흔다섯이나 된 지금도 하고 있습지요. 저는 우리보다 먼저 가신 분들의 지혜도 마찬가지라고 확신합니다. 전해 줄 만한 가치가 있는 것은 그분들과 함께 죽었고 책에 적힌 것은 그 나머지입니다. 왕자님께서 읽으시는 책이 죽은 사람들의 먼지와 찌꺼기라고 말한 이유가 바로 그것입니다."

눈먼 사람이 친구를 방문하게 되었는데, 집에 돌아가려고 일어섰을 때는 이미 날이 저문 후였다. 친구는 초롱을 빌려 주겠다고 했다.
그는 웃으며 거절하였다.
"나에게는 밤이나 낮이나 안 보이기는 마찬가지라네. 그러니 초롱이 무슨 소용 있겠나?"
"자네에겐 필요 없겠지. 하지만 다른 사람이 자네와 부딪치지 않게 하는 데는 도움이 될 걸세."
그리하여 눈먼 사람은 초롱을 들고 길을 떠났다. 그런데 얼마 안 가서 어떤 사람과 부딪쳐 넘어지고 말았다.
"이 조심성 없는 친구야! 이 초롱이 보이지 않는가?"
"형님, 초롱의 불이 꺼졌습니다."

**다른 사람의 빛 안에서보다
자신의 어둠 속에서 더 안전하게 걸을 수 있다.**

개구리의 기도 2

영 성

영적 추구의 본질로 말하면 …

어떤 사람이 길을 지나다가 우연히 높은 탑을 발견하고 발을 들여놓았는데, 안은 아주 캄캄하였다. 주위를 더듬으니 원형 계단이 있었다.

그것이 어디까지 이르는지 알고 싶어 그는 계단을 따라 오르기 시작했는데, 올라가다 보니 어쩐지 불안감이 엄습해 왔다. 그래서 뒤를 돌아본 그는 소스라치게 놀랐다. 위로 올라갈 때마다 계단이 떨어져 나가 버리는 것이었다. 앞 계단은 위를 향해 돌며 올라가는데 어디로 향하는지 알 수가 없었으며, 뒤에는 캄캄한 어둠과 공허뿐이었다.

참된 추구자는 드물고 …

왕이 위대한 선사 린 치의 사원을 방문했을 때, 거기 사는 수도승이 만 명이 넘는다는 소리를 듣고 깜짝 놀랐다.

정확한 숫자를 알고 싶어서 왕이 물었다.

"당신 제자가 몇 명이나 되오?"

린 치가 대답했다.

"기껏해야 네댓 명 됩니다."

사기꾼은 많으며 …

신혼여행 중에 있는 부부가 막 잠자리에 들려고 하는데 복면강도가 쳐들어왔다. 강도는 백묵으로 마룻바닥에 원을 그리고는 신랑보고 손짓하며 말했다.

"이 원 안에 서 있거라. 한 발짝이라도 나오면 머리통을 쏘아 버릴 테다."

신랑이 거기 똑바로 서 있는 동안, 강도는 무엇이든 손에 잡히는 대로 챙겨 자루에 집어 넣었다. 밖으로 나가려 하던 그는 아름다운 신부가 얇은 시트만 걸치고 있는 것을 보고 오라고 손짓했다. 그리고는 라디오를 틀고 함께 춤추고 껴안고 키스하고 마침내는 겁탈하려고 하였다. 신부가 완강하게 저항하지 않았더라면 당하고 말았을 것이다.

마침내 강도가 나가자 신부는 신랑에게 소리쳤다.

"당신은 도대체 뭐예요? 내가 겁탈당할 뻔했는데도 원 한가운데 꼼짝도 않고 서 있기만 하다니!"

"아무것도 하지 않다니 그건 말도 되지 않아요."

"그렇다면 당신이 한 게 뭐예요?"

"강도가 등을 돌릴 때마다 원 밖으로 발을 내밀었지!"

우리는 안전한 거리를 두고
대할 수 있는 위험만 대하고 있다.

30년 동안 텔레비전만 보던 남편이 말했다.
"오늘 밤은 정말 신나는 일을 해 봅시다."
아내에게는 시내의 휘황찬란한 야경이 즉시 떠올랐다.
"좋아요! 그래 무얼 할까요?"
"글쎄, 의자를 서로 바꾸어 앉아 봅시다."

변경 지대의 작은 마을에 한집에서 50년이나 산 사람이 있었다.
그러던 그가 바로 옆집으로 이사를 해 모든 사람을 놀라게 했다.
지역 신문기자들이 몰려들어 그 이유를 물었다.
그는 자족하는 미소를 지으며 대답했다.
"내 안의 집시 기질이 발동한 것 같습니다."

신세계를 찾아 콜럼버스와 함께 원정을 떠났던 사람 중에
양복장이가 있었다. 그는 제시간에 돌아가지 못해
마을의 나이 든 양복장이가 하고 있는 일을 다른 사람이
이어받을까 봐 노심초사했다고 한다.

영성이라는 모험에서 성공하기 위해서는,
인생에서 최상의 것을 얻겠다는 마음을 확고하게 지녀야 한다.
보통 사람들은 부, 명예, 안락함, 인간적인 동반자 등
사사로운 것에 만족한다.

명예에 너무 매혹된 나머지
신문 머리기사에 나기 위해서라면
교수대에라도 매달릴 각오가 되어 있는 사람이 있었다.
그 사람과 대부분의 사업가들이나 정치가들 사이에
다른 점이 있다고 볼 수 있는가?
(여론을 중시하는 우리는 말할 것도 없고.)

단 하나, 본질적인 것이 없기 때문에 …

고대 인도 우화에 고양이가 무서워 불안 속에 사는 쥐가 있었다. 이를 가엾게 여긴 마술사가 이 쥐를 고양이로 변하게 해 주었다. 그러자 이번에는 개를 무서워하여 개로 만들어 주었다. 그러자 이번에는 표범을 무서워하였다. 그래서 표범으로 만들어 주었다. 그러자 이번에는 사냥꾼을 무서워하였다. 이렇게 되자 마술사도 포기하고 말았다. 그는 표범을 다시 쥐로 돌아가게 하면서 말했다.
"네가 쥐의 심장을 가지고 있으니 내가 아무리 애를 써도 소용 없구나."

술집에 신자들이 가득 들어 있는 것을 보고 격노한 본당신부가 모두들 데리고 성당으로 왔다.
그러고는 엄숙하게 말했다.
"천당에 가고 싶은 사람은 모두 이쪽으로 모이시오."

모두 그쪽으로 걸어갔는데, 한 사람만 고집스럽게 제자리에 서 있었다.

신부가 험악한 표정으로 그를 바라보며 말했다.

"당신은 천당에 가고 싶지 않소?"

"네."

"그래, 거기 서서 죽어도 천당에 가고 싶진 않단 말이오?"

"물론 죽어서야 가고 싶지요. 저는 신부님이 지금 가고 싶으냐고 물으시는 줄 알았습니다."

우리 안에 제동장치가 작동하지 않을 때만
우리는 끝까지 갈 수 있다.

리오넨이라는 여승은 1779년에 태어났다. 그녀는 유명한 쇵옌 장군의 손녀로서 일본에서 가장 아름다운 여성이요 가장 훌륭한 시인이었다. 그리하여 열일곱 살에 벌써 궁녀로 간택되어 황녀의 사랑을 독차지하였다. 그런데 황녀가 갑작스레 죽게 되자 깊은 영적 체험을 하게 되었다. 세상 만물이 스쳐 지나가는 것에 불과하다는 것을 깊이 깨달은 것이다. 그리하여 리오넨은 선을 배우기로 했다.

그렇지만 가족들은 그 말을 받아들이지 않고 강제로 결혼시켰다. 가족들과 남편으로부터 자녀 셋을 낳은 다음에는 자유의 몸이 되어 여승이 되어도 좋다는 약속을 받아 낸 리오넨은 스물다섯 살 때 그 조건을 채웠다. 남편의 간청이나 세상의 그 어떤 것도 그 마음을 돌릴 수가 없었다. 그녀는 머리를 깎고 리오넨 — 분명하게 이해한다는 뜻 — 이라는 이름을 택하고는 진리를 찾아 떠났다.

리오넨은 에도의 테추규 선사에게 가서 제자로 삼아 달라고 청했다. 선사는 그녀를 힐끗 보고는 너무 아름답다는 이유로 거절했다. 다음에는 하쿠오 선사에게 갔는데 같은 이유로 거절당했다. 아름다움은 골칫거리만 된다는 것이었다. 리오넨은 시뻘겋게 달아오른 다리미로 얼굴을 문질러 육체의 아름다움을 영원히 없애 버렸다. 그러고 나서 하쿠오 선사에게 돌아가자 그제서야 제자로 받아 주었다.

리오넨은 이 일을 기념하는 시를 지어 작은 거울 뒷면에 새겼다.

> 황녀의 하녀로서
> 나는 아름다운 옷에 향내를 풍기기 위해
> 향을 피웠네.
> 이제 집 없는 거지로서
> 나는 선의 세계에 들어가기 위해
> 얼굴을 태웠네.

그리고 이 세상을 떠날 때가 왔다는 것을 알고 이런 시를 지었다.

> 내 눈은 가을의 아름다움을
> 예순여섯 번이나 보았다네. …
> 더 이상 묻지 마오.
> 바람이 일지 않을 때
> 소나무 소리를 들으리.

옛날 어느 감옥에 수인이 하나 있었는데, 사형수이면서도 겁도 없고 구애받는 것도 없었다. 어느 날 그 수인은 감옥 광장 한가운데서 기타를 치고 있었다. 음악을 듣기 위해 많은 사람들이 모여들었는데, 기타 소리에 정신이 팔리자 그 수인처럼 두려움이 사라졌다. 이것을 본 교도소 당국은 그 수인에게 기타를 치지 말라는 명령을 내렸다.

그렇지만 그는 다음 날에도 나타나 많은 사람들 가운데서 기타를 치며 노래를 불렀다. 간수들은 화를 내며 질질 끌고 가 손가락을 잘라 버렸다.

그다음 날도 그는 나타나서 피 흐르는 손가락으로 기타를 치며 노래를 불렀다. 이번에는 사람들이 박수를 치며 응원을 했다. 간수들은 다시 그를 끌고 가서는 기타를 박살내 버렸다.

그다음 날 그는 온 마음을 다해 노래 부르고 있었다. 기막히게 순수하고 지고한 노래였다! 사람들은 함께 노래 부르기 시작했는데, 노래를 부르는 동안 그 수인처럼 순수한 마음과 불굴의 영혼을 지니게 되었다. 너무도 화가 난 간수들은 그의 혀를 찢어 버렸다. 수용소에 침묵이 깔렸다. 그 침묵에는 불멸하는 그 무엇이 담겨 있었다.

그다음 날 그는 자신만이 들을 수 있는 음악 소리에 맞추어 춤을 추며 나타났다. 그러자 모든 사람이 상처로 피 흘리는 그를 둘러싸고 함께 손잡고 춤추기 시작했다. 놀란 간수들은 움직일 줄 모르고 그 자리에 서 있었다.

현대 인도의 고전무용가 수다 샨드란은
그야말로 절정기에 춤의 세계와 결별해야 했다.

왜냐하면 오른쪽 다리를 절단해야 했기 때문이다.
그런데 의족을 하고 무용계로 돌아온 그녀는
즉시 정상에 다시 올랐다. 거짓말 같은 사실이었다.
어떻게 그걸 해냈느냐는 질문을 받은 그녀는
아주 간단하게 대답했다.
"춤추는 데는 다리가 필요하지 않습니다."

어떤 수전노가 정원의 나무 아래 황금을 숨겨 놓고는 매주 한 번씩 파내어 몇 시간이고 바라보는 게 낙이었다.

  그러던 어느 날 도둑이 황금을 파 가지고 달아나 버렸다. 이튿날 보물을 바라보기 위해 나무 아래 온 수전노 눈에는 텅 빈 구덩이만 보였다.

  그는 울부짖기 시작했다. 무슨 일인가 하고 이웃 사람들이 달려왔다. 이야기를 듣고 나서 어떤 사람이 물었다.

  "당신은 황금을 사용한 적이 있습니까?"

  "아니오. 매주 한 번씩 와서 바라보았을 뿐이오."

  "황금이 해 준 일이 그것뿐이라면, 앞으로도 일주일에 한 번씩 와서 구덩이를 바라보기만 하면 되겠군요."

우리가 부유한가 가난한가는 돈에 달린 게 아니라
그것을 즐기는 능력에 달려 있다.
돈을 버느라 애쓰면서도 즐길 줄 모르는 것은
머리카락 없는 사람이 빗을 사 모으는 것과 마찬가지다.

한 기자가 정부에서 경영하는 양로원에서 아주 늙은 노인에게 인간적으로 흥미 있는 이야기를 얻어 내기 위해 애쓰고 있었다.

"할아버지, 먼 친척이 할아버지께 천만 달러를 유산으로 남겨 주었다는 소식을 듣게 된다면 어떠시겠습니까?"

"여보게, 여전히 아흔다섯 살이겠지, 안 그렇겠나?"

어느 날 저녁 해거름에 두 보석상이 사막의 대상용 여관에 거의 같은 시간에 도착했다. 둘 다 상대방의 존재를 꽤 의식하고 있었는데, 그중 하나가 유혹을 참지 못하고 짐을 내리면서 실수한 척 커다란 진주를 떨어뜨렸다. 그것은 상대방에게 굴러갔다. 상대방은 그것을 집어 들고 정중하게 말하면서 건네주었다.

"선생님, 아주 좋은 진주를 가지고 계시는군요. 아주 크고 광택이 납니다."

"감사합니다." 진주 주인이 말했다.

"사실 그것은 제가 가진 진주들 중에서 가장 작은 것입니다."

불 옆에 앉아 이 광경을 보고 있던 한 베드윈이 일어나 두 사람을 식사에 초대하여 다음과 같은 이야기를 들려주었다.

"저 역시 한때는 보석상이었는데, 어느 날 사막에서 커다란 돌풍을 만났습니다. 나와 내 대상들은 이리저리 휩쓸려 다니다가 결국은 서로 헤어져 나는 완전히 길을 잃고 말았지요. 하루하루 시간은 흘러가고 있는데, 내가 어디에 있는지, 어디로 가야 할지 감도 잡지 못한 채 원점을 맴돌며 방황하고 있었습니다. 나는 공포에 사로잡혔습니다.

물도 먹을 것도 없이 아사지경에 이른 나는, 낙타 등에서 모든 짐을 끌어내려 샅샅이 뒤지기 시작했습니다. 수백 번도 더 뒤졌을 겁니다. 그러다가 작은 주머니 하나를 발견했을 때 그 기분을 상상해 보십시오. 나는 떨리는 손으로 그것을 열어젖혔습니다.

그런데 거기 가득 들어 있는 진주를 보았을 때의 그 실망감이란…"

한 수피가 근엄한 표정을 하고 궁궐에 나타났다. 그가 성자 같은 왕 이브라임 벤 아담이 앉아 있는 왕좌로 곧장 걸어가는 데도 감히 아무도 제지할 생각을 못했다.

"원하는 게 뭐요?" 왕이 물었다.

"이 대상용 여관에 머물고 싶습니다."

"여기는 여관이 아니라 내 왕궁이오."

"왕께서 사시기 전에 이 집은 누구의 것이었는지요?"

"돌아가신 선왕의 것이오."

"그 전에는 누가 소유했습니까?"

"우리 할아버지요. 그분도 돌아가셨지요."

"그렇다면 이 왕궁에서도 사람들이 잠시 동안 머물다 가기는 마찬가지군요. 그래도 여기가 여관이 아닙니까?"

모든 사람은 대합실에 있다!

어떤 구두쇠가 수십만 디나르를 저축해 놓고 가장 좋은 투자법을 결정하기 전에 일 년 동안 즐기기로 했다. 잔뜩 기대에 부풀어 있는데, 돌연 죽음의 사자가 나타나 목숨을 거두어 가려고 하였다.

부자는 조금만 더 살게 해 달라고 사정사정하였다. 그렇지만 사자는 요지부동이었다.

"사흘만 더 살게 해 주면 재산의 반을 드리겠습니다." 부자는 간청했다.

사자는 들은 척도 하지 않고 부자를 세게 잡아당기기 시작했다.

"하루만 말미를 주십시오. 제발 부탁입니다. 그러면 제 일생 동안 땀 흘리며 번 돈을 몽땅 드리겠습니다."

사자는 여전히 끄떡도 하지 않았다.

마침내 부자는 겨우 단 하나의 허락을 받아 내었다. 다음과 같은 메모를 남길 수 있는 짧은 시간을 얻은 것이다.

"이 메모를 발견하는 사람은 보십시오. 어느 정도 살 만하다면, 재산을 모으는 데 시간을 낭비하지 마십시오. 사십시오! 나에게는 50만 디나르가 있었지만 그걸로는 단 한 시간도 살 수가 없었습니다!"

백만장자가 죽으면 사람들은 묻는다.
"재산을 얼마나 남겼을까?"
대답은 물론 "전부지요"이다.
그런가 하면 "그것은 남긴 게 아닙니다.
가지고 갈 수가 없었으니까요" 하는
대답이 나올 때도 있다.

인도 신비가 라마크리슈나가 말하곤 했다.

신은 두 경우에 웃으신다.
  하나는 의사가 "염려 마십시오. 이 아이는 제게 맡기십시오" 하고 말할 때인데, 신은 말씀하신다.
  "내가 이 아이를 데려가려고 하는데, 이 사람은 자기가 구할 수 있다고 생각하는구나!"
  다른 하나는 두 형제가 경계선을 그어 땅을 가르면서 "이쪽은 내 땅이고 저쪽은 네 땅이다" 하고 말할 때인데, 신은 말씀하신다.
  "온 우주가 내 것인데 이 사람들은 그 조각을 가지고 자기 거라고 주장하는구나."

어떤 사람에게 마을 사람들이 와서 집이 홍수에
떠내려갔다고 전해 주자 집주인은 웃으며 말했다.
"그럴 리가 있습니까?
바로 이 주머니 속에 열쇠가 있는데!"

그리고 부처가 말했다.

"이 땅은 내 소유입니다. 애들은 내 아들들입니다."
  이런 말은 자기 자신조차 자기 것이 아니라는 것을 모르는 바보들이 하는 말이다.

당신은 절대로 사물을 소유하지 못한다.
잠시 잡고 있을 뿐이다.
주어 버릴 수 없다면, 거기에 소유당한 것이다.

소중히 여기는 것은 무엇이든
오므린 손바닥에 물을 담고 있듯이
쥐고 있어야 한다.

꽉 쥐어라.
그러면 없어질 것이다.

당신 것으로 만들라.
그러면 더러워질 것이다.

자유롭게 놓아주라.
그러면 영원히 당신 것이 될 것이다.

영적 자질을 풍부하게 갖추게 된 사람들에게 사소한 집착 하나가 어떤 손해를 미칠 수 있는지 보여 주는 이야기가 있다.

어떤 사람이 말을 타고 산속 동굴을 지나게 되었다. 그 사람은 동굴을 가득 메운 보물과 보석들을 발견하고 서둘러 자루에 집어 넣기 시작했다. 마침 보물을 얼마든지 가질 수 있는 마술의 시간이었는데, 시간이 아주 제한되어 있으니 빨리 보물을 꺼내야 했던 것이다.

보물을 당나귀 등에 잔뜩 실은 나그네는 다가온 행운을 기뻐하며 동굴을 떠났다. 그런데 문득 동굴에 지팡이를 놓고 왔다는 것을 알고 동굴로 달려갔다. 그런데 동굴이 사라질 시간이 되어 그는 동굴과 함께 사라져 버렸다. 1년이 지나도록 그 사람을 기다리던 마을 사람들은, 나귀에 있던 보물들을 다 팔아 불운한 사나이의 행운이 가져다준 혜택을 입게 되었다.

참새가 숲에 둥지를 트는 데는
나뭇가지 하나면 족하다.
사슴이 강물에서 목을 축일 때는
자기 양만큼만 먹는다.

우리는 마음이 공허하기 때문에
물건을 그러모은다.

노노코라는 노선사가 산자락에 있는 오두막에서 혼자 살고 있었는데, 어느 날 밤 명상을 하고 있을 때 강도가 들어 칼을 휘두르며 돈을 내놓으라고 하였다. 노노코는 명상을 중단하지 않고 말했다.

"내 돈은 모두 저기 선반 위에 있는 그릇 안에 있다네. 필요하다면 모두 가져가게. 하지만 다섯 엔만은 남겨 두게, 다음 주에 세금을 내야 하니까."

강도는 돈을 모두 주머니에 넣은 다음 다섯 엔을 도로 던져 넣었다. 그 옆에 있는 값비싼 도자기도 집어 들었다.

"조심해서 가져가게, 쉬 깨지니까." 노노코가 말했다.

강도는 아무것도 없는 작은 방을 다시 한 번 휘둘러보고는 떠나려 하였다.

"자네는 고맙다는 말을 하지 않았네" 하고 노노코가 말했다.

강도는 고맙다는 말을 하고 떠났다.

다음 날 온 동네에는 소동이 일었다. 강도가 든 집이 많았던 것이다. 노노코의 오두막에서 도자기가 없어진 것을 본 어떤 사람이 강도당했느냐고 물었다.

"아, 아니라네." 노노코가 말했다.

"내가 돈과 함께 주었다네. 그는 고맙다고 말하며 떠났지. 그는 꽤 괜찮은 친구였는데, 칼을 가지고 장난을 좀 하더군."

어느 부유한 회교도가 파티가 끝난 후에 회당에 갔는데, 값비싼 신발을 벗어서 밖에 두어야 했다. 기도를 마치고 밖에 나와 보니 신발이 보이지 않았다.

"내 생각이 모자랐구나," 그는 중얼거렸다.

"어리석게도 신발을 여기 두었으니 훔쳐 가란 소리나 마찬가지지. 기꺼이 줄 수도 있었는데 이제 나는 도둑 하나를 만들어 냈으니 책임을 져야겠군."

진정한 철학자 소크라테스는 현자란 본디 검약한 생활을 한다는 신조를 가지고 있었기 때문에 신발조차 신지 않았다. 그런데 시장에는 자주 가서 진열되어 있는 물건들을 들여다보곤 했다.

친구가 그 이유를 묻자 소크라테스는 대답했다.

"행복해지는 데 필요하지 않은 물건이 얼마나 되는지 알아보고 싶어서라네."

영성은 원하는 것이 무언지 아는 것이 아니라
필요하지 않은 것이 무언지 이해하는 것이다.

아주 적게 가지고도 풍요롭게 사는 법을 터득한 사람들

일본에 함께 차를 마시며 새로운 소식을 나누는 연로한 신사들의 모임이 있었다. 값비싼 찻잎을 잘 배합하여 향긋한 차를 만들어 마시는 것이 그들의 낙이었다.

그중 가장 연로한 사람이 대접할 차례가 되자, 그는 격식에 맞추어 차를 대접하였다. 모두들 차 맛을 칭찬하면서 어떻게 하면 이렇게 기막힌 맛을 낼 수 있느냐고 물었다.

노인은 미소 지으며 대답했다.

"모두들 그렇게 좋아하는 그 차는 바로 우리 농장 농부들이 마시는 차랍니다. 인생에서 가장 좋은 것은 비싼 것도 희귀한 것도 아니지요."

구루가 강변에 앉아 명상에 잠겨 있는데, 한 제자가 와서 존경과 헌신의 표시로 엄청나게 큰 진주 두 개를 발치에 놓았다.

눈을 뜬 구루는 진주 하나를 집어 들었다. 하도 무심히 집어서 진주는 손에서 미끄러져 나가 둑을 굴러 강에 빠져 버렸다.

기겁을 한 제자는 진주를 따라 강물로 뛰어들었다. 해가 질 때까지 여기저기 뛰어들며 찾았지만 허사였다.

마침내 기진맥진한 제자가 온몸의 물을 떨구며 스승의 명상을 깨웠다.

"스승님은 진주가 어디 떨어졌는지 아시지요. 그 지점을 가르쳐 주시면 제가 찾아다 드리겠습니다."

구루는 나머지 진주를 강물에 내던지며 말했다.

"바로 저기라네!"

사물을 소유하려 들지 마라.
진정 소유할 수 없기 때문이다.
그저 소유당하지 않도록 하라.
그러면 만물의 지배자가 될 것이다.

부처가 프란산짓 왕궁에 들어가자 왕이 몸소 맞이해 주었다. 선왕의 친구였던 왕은 왕자인 부처가 모든 것을 버렸다는 말을 들은 바가 있었다. 그래서 옛 친구에게 좋은 일을 한다고 여기며 부처를 설득하여 떠돌이 거지로 살지 말고 왕궁으로 돌아가라고 타일렀다.

부처는 프란산짓의 눈을 들여다보며 말했다.

"진정으로 대답해 주십시오. 왕께서는 아주 즐겁게 생활하시는 것 같은데, 솔직히 말해서, 왕국이 단 하루라도 행복한 날을 가져다준 적이 있습니까?"

프란산짓은 눈을 내리감고는 아무 말도 하지 않았다.

**고통의 원인을 갖지 않는 것보다 더 큰 기쁨은 없다.
가진 것으로 만족하는 것보다 더 큰 부는 없다.**

원숭이와 함께 숲 속을 걷고 있던 하이에나가 말했다.

"저 덤불에는 사자가 있는데 내가 지나갈 때마다 뛰어나와 때려눕히곤 한단다. 왜 그러는지 모르겠어."

"걱정마. 내가 있잖니." 원숭이가 말했다.

"내가 편들어 줄께."

잠시 후 덤불에 이르자 아니나 다를까 사자가 하이에나를 덮치더니 거의 죽을 정도로 때려눕히는 것이었다. 원숭이는 사자가 나타나자마자 안전한 나무 위로 뛰어 올라가서 그 광경을 지켜보고 있었다.

"왜 나를 도와주지 않았니?" 하이에나가 투덜거렸다.

"난 또 네가 하도 웃어 대길래 이기고 있는 줄 알았지."

불교의 위대한 성인 나가주나는 아무것도 입지 않은 채 사자털만 걸치고도 어울리지 않게 금으로 만든 동냥 그릇을 들고 다녔는데, 그것은 제자였던 왕이 선물로 준 것이었다.

그러던 어느 날 밤 성인이 폐허가 된 절터에서 잠을 자려고 하는데, 기둥 뒤에 도둑 하나가 숨어 있는 게 눈에 띄었다.

"옜다, 가져가시오." 동냥 그릇을 내주며 성인이 말했다.

"이러고 나면 자다가 깰 일은 없겠지."

도둑은 그릇을 허겁지겁 움켜쥐고 달아나 버렸다. 그런데 다음 날 아침 도둑이 그릇을 가지고 돌아와서 물었다.

"지난밤 스승님께서 이 그릇을 선뜻 내주셨을 때, 저 자신이 너무 보잘것없다는 것을 느꼈습니다. 그렇게 초탈할 수 있는 방법을 가르쳐 주십시오."

당신이 소유하지 않은 것은 아무도 빼앗지 못한다.

주네드의 제자가 금화가 가득 든 주머니를 가지고 왔다.

"금화가 더 있느냐?"

"네, 많이 있습니다."

"거기에 애착이 있느냐?"

"그렇습니다."

"그렇다면 이것도 가져라. 네게 더 필요한 것 같으니. 나는 가진 것도 없고 바라는 것도 없으니 내가 더 부자다. 알았느냐?"

**깨달은 사람의 마음은 거울과도 같다.
아무것도 움켜쥐지 않고 아무것도 거부하지 않는다.
받기는 하지만 자기 것으로 삼지 않는다.**

퀘이커 교도 한 사람이 자기 집 옆 공터에 다음과 같은 표지판을 내걸었다:

      누구든 진정 만족한 삶을 누리는 사람에게

      이 땅을 드리겠습니다.

어느 부자 농부가 말을 타고 지나다가 이것을 보고 생각했다.

"이 퀘이커 교도가 이 땅을 기꺼이 나누어 주겠다니 다른 사람이 차지하기 전에 얼른 가져가야지. 나는 부자인 데다가 필요한 것은 모두 가지고 있으니 나야말로 적격자지."

그러고 나서 문을 두드리고는 자기가 왜 왔는지 설명했다.

"당신은 정말 만족하십니까?"

"네, 그렇습니다. 필요한 것은 모두 가지고 있으니까요."

"그렇다면 왜 땅을 더 가지려 합니까?"

      사람들은 부를 얻기 위해 애쓰지만,
깨달은 사람은 자기가 가진 것에 만족하여, 애쓰지 않고 소유한다.
    아주 적은 소유물로 만족하면 왕처럼 부유하다.
      왕이라도 자기 왕국으로 만족하지 않는다면
            빈민이나 마찬가지다.

에피루스의 왕 피러스에게 친구 시네아스가 다가와서 물었다.
"전하, 로마를 정복한 다음에는 무얼 할까요?"
"시실리가 옆에 있으니 아주 쉽게 정복할 수 있지."
"시실리를 정복한 다음에는 무얼 하지요?"
"아프리카로 가서 카르타고를 침략해야지."
"카르타고를 정복한 다음에는요?"
"그리스 차례지."
"이 모든 것을 정복한 대가가 무언지 물어도 될는지요?"
"편히 앉아서 즐길 수 있는 거지."
"그걸 지금 하면 안 되겠습니까?"

가난한 사람들은 부자가 되면 행복할 거라고 생각한다.
부자들은 위궤양이 없어지면 행복할 거라고 생각한다.

어떤 사람이 아내와 함께 다른 지방에 친구를 만나러 갔는데, 친구는 부부를 경마장으로 데리고 갔다. 말들이 서로 다투며 트랙을 달리는 데 마음이 빼앗겨, 부부는 저녁 내내 내기를 하여 수중에 2달러밖에 남지 않았다.

다음 날 남편은 경마장에 혼자 가게 해 달라고 졸랐다. 첫번째 경기에서 50 대 1로 승리한 말이 있었다. 남편은 그 말에 내기를 해서 이겼다. 다음 장거리 경기에서는 가진 돈을 모두 걸었는데 또 이겼다. 이런 식으로 저녁 내내 내기를 해서 번 돈을 모두 합쳐 보니 5만 7천 달러나 되었다.

집으로 돌아오는 길에 남편은 도박장 옆을 지나게 되었다. 말을 선택할 때 그를 인도해 주던 내면의 목소리가 다시 들려오는 것 같았다. "여기 들어가라." 그는 멈추었다. 그리고 안에 들어가 룰렛 게임 앞에 섰다. 목소리가 말했다. "13번." 그는 가지고 있던 돈 5만 7천 달러를 모두 13번에 걸었다. 룰렛이 돌았다. 물주가 알렸다. "14번."

그리하여 빈털터리가 된 그는 터덜터덜 걸어서 집으로 돌아왔다. 현관에서 아내가 외쳤다. "어떻게 되었어요?" 남편은 어깨를 으쓱하고는 말했다. "2달러를 잃었소."

> 생각해 보면,
> 당신이 아무리 잃었다 해도
> 그 이상을 잃지는 않는다.

방문자가 아무리 모욕을 퍼부어도 부처는 별로 마음을 두지 않는 것 같았다. 제자들이 그 비결을 묻자 부처가 대답했다.

"어떤 사람이 선물을 가져와서 내놓았는데 그것을 집어 들지 않았다고 하자. 아니면 누가 편지를 보냈는데 봉투를 뜯지 않았다고 하자. 너는 거기에 영향 받지 않을 것이다. 모욕당할 때마다 그렇게 하면 평정을 잃지 않을 것이다."

다른 사람이 모욕해도 거기에 지배받지 않는
존엄성이야말로 진정한 존엄성이다.
나이아가라 폭포에 침을 뱉는다고 해서
그 장대함이 줄어들겠는가?

벙어리 두 사람이 싸우고 있었다. 직원이 달려가 보니 한 사람이 다른 사람에게 등을 돌리고 서서 허리가 부러져라 웃고 있었다.
 "웬 장난이오? 당신 친구가 왜 이렇게 화났소?" 직원이 수화로 물었다.
 벙어리가 수화로 대답했다.
 "이 친구는 욕을 퍼붓고 싶어 하는데 내가 바라보지 않기 때문이지요."

바스라의 하산이 어느 날 강변에서 라비아 알 아다위야를 만났다. 그는 기도 방석을 강물에 던지고 올라앉아서 말했다.
 "라비아, 이리 오시오. 여기서 함께 기도합시다."
 "하산, 웬 너절한 짓이오? 그건 나약하다는 증거요."
 그러면서 라비아는 담요를 공중에 던지고 올라앉아서 말했다.
 "이리 올라오시오, 그러면 사람들의 눈길을 끌게 될 테니까."
 그렇지만 하산은 그럴 능력이 없어서 아무 말도 하지 못했다. 라비아는 하산을 타일렀다.

"하산, 당신이 한 일은 물고기도 할 수 있고, 내가 한 일은 파리도 할 수 있소. 진짜 일은 이 두 가지를 초월하는 것이고, 우리는 거기에 전념해야 합니다."

앙굴리말이라는 산적이 부처를 죽이겠다고 위협하고 있었다.
"유언 하나만 들어 주시오." 부처가 말했다.
"저기서 나뭇가지 하나만 꺾어 주시오."
칼을 한번 휘두르자 가지가 꺾였다.
"이제 무얼 할까?" 산적이 말했다.
"그것을 다시 나무에 붙이시오." 부처가 말했다.
"당신 미쳤군!" 산적은 웃음을 터뜨렸다.
"그렇지 않소. 미친 사람은 치고 죽일 수 있다고 해서 강하다고 생각하는 당신이오. 그것은 아이들이나 하는 짓이오. 진정 강한 사람은 어떻게 창조하고 치유하는지 알고 있소."

공성퇴는 벽을 허물 수 있지만
갈라진 틈을 메우지는 못한다.

정신병원을 방문한 사람이 보니, 환자 하나가 안락의자에 앉아서 만족스런 태도로 달콤하게 속삭이고 있었다.

"룰루, 룰루 …"

"이 사람의 문제는 무엇입니까?"

"룰루, 이 사람을 버리고 떠난 여자지요."

계속해서 병동을 둘러보고 있는데, 환자 하나가 벽에 머리를 박으며 탄식하고 있었다.

"룰루, 룰루 …"

"이 사람의 문제도 룰루입니까?"

"그렇습니다. 마침내 룰루와 결혼한 사람이지요."

인생에는 두 가지 고통이 있다.
하나는 자기가 집착하던 것을 얻지 못하는 것이고
다른 하나는 자기가 집착하던 것을 얻는 것이다.

젊은 사업가가 외국 상사에 전화를 걸어 간단하게 말했다.

"알려 드릴 것이 있어 전화했습니다. 통화 시간은 3분인데, 내가 말할 때 중단시키지 마십시오. 하실 말씀이나 질문이 있으면 나중에 전보 치십시오."

그러고는 잠시도 쉬지 않고 말을 해 댔다. 하도 빨리 말했기 때문에 시간이 조금 남았다.

"20초가 남았는데요. 혹시 하실 말씀 있습니까?"

"네, 하도 빨라서 한 마디도 알아듣지 못했습니다."

시간을 많이 들이고도 조금만 가는 방법은
서둘러 가는 것이다.

"**깨**달음에 이르려면 얼마나 걸리겠습니까?"
"10년."
"그렇게 오래요?"
"아니, 실수했네. 20년."
"왜 두 배로 늘리십니까?"
"그러고 보니, 자네 경우에는 30년 걸리겠군."

어떤 사람은 모든 것을 너무 빨리
파악하기 때문에 아무것도 배우지 못한다.
결국 지혜는 당신이 도착해야 할 역이 아니라
여행하는 태도다.

너무 빨리 달리면 길가의 좋은 경치를 보지 못할 것이다.
당신이 어디로 가고 있는지 정확히 아는 것이
길을 잃는 첩경일 수도 있다.
하는 일 없이 어슬렁거린다고 해서
모두 길을 잃는 것은 아니다.

북경을 여행 중인 미국인 목사가 식당 종업원에게 중국인들에게 종교는 어떤 것이냐고 물었다.

점원은 목사를 발코니로 데리고 나가서 물었다.

"무엇이 보입니까, 선생님?"

"거리, 집들, 보행자들, 버스들 … 그리고 달리는 택시들."

"그리고요?"

"나무들도 보입니다."

"또 없습니까?"

"바람이 불고 있군요."

"바로 그겁니다, 선생님!"

어떤 사람이 두 눈을 뜨고 본다는
그 자체를 찾듯이 당신은 종교를 찾고 있다.
그러니 종교를 볼 수 없다는 것은 너무 명백한 사실이다.

"도가 무엇입니까?"

"모든 것이 도다."

"어떻게 하면 도달할 수 있습니까?"

"도달하려고 애쓰면 놓칠 것이다."

자연스러우려고 애쓰는 사람이나
애쓰지 않으려고 애쓰는 사람은
결코 자연스러울 수 없다.

중국의 어떤 노파가 20년 동안 어떤 수도승을 보살펴 준 적이 있었다. 작은 암자를 지어 그 수도승이 도를 닦는 동안 먹을 것을 가져다 주는 등 뒤를 보살펴 주었는데, 그 기간이 끝날 무렵 노파는 수도승이 얼마나 진보했는지 알고 싶어 어린 처녀의 협조를 구해 시험하기로 했다.

"암자로 들어가라." 노파는 처녀에게 말했다.

"그리고 껴안고 물어 봐라. '이제 무얼 할까요?'"

처녀는 밤에 명상 중인 수도승을 찾아가 대뜸 애무하며 말했다.

"이제 무얼 할까요?"

벌컥 화를 내며 수도승은 빗자루를 들고 처녀를 내쫓았다.

처녀가 돌아와 자초지종을 이야기하자, 노파는 분개했다.

"그런 작자를 20년 동안이나 돌보아 주다니! 그 중은 네게 필요한 것이 무언지 이해하지도 않았고, 네 잘못을 바로잡아 줄 생각도 없었다. 욕망에 굴복할 필요야 없겠지만, 그 긴 시간 동안 적어도 자비심은 키웠어야 하지 않느냐?"

어떤 귀의자가 구루를 찾아와 제자로 입문하고 무릎을 꿇었다. 구루는 아무에게도 말하지 말라고 이르면서, 귀에 대고 경전을 속삭였다.

"말하면 어떻게 됩니까?" 귀의자가 물었다.

"그것을 들은 사람은 무지와 고통의 속박에서 벗어나지만, 너 자신은 제자 대열에서 쫓겨나고 저주받을 것이다."

귀의자는 그 말을 듣자마자 장터로 달려가 많은 사람들을 모아 놓고 그 경전을 들려주었다.

  그것을 본 제자가 구루에게 이 사실을 알리며 불복종의 죄로 절에서 내쫓아야 한다고 말했다.

  구루는 웃으며 말했다.

  "가르칠 게 없다. 하는 짓을 보니 그는 날 때부터 구루다."

부처가 처음 영적 여행을 시작했을 때에는 고행을 많이 했다.

  어느 날 나무 아래서 명상에 잠겨 있는데, 두 음악가가 그 옆을 지나가고 있었다. 한 사람이 말했다.

  "시타르의 현을 너무 꽉 죄지 마시오. 줄이 끊어질 테니까. 그렇다고 해서 너무 느슨해서도 안 돼오. 그렇게 되면 소리가 나지 않으니까. 중도를 지키시오."

  부처는 이 말을 듣고 영성에 접근하는 태도를 아주 바꾸게 되었다. 자기에게 하는 말이라는 확신이 들었던 것이다. 그리하여 그때부터 금욕적인 태도를 모두 버리고 쉽고 가벼운 길, 즉 중도를 걷기 시작했다. 깨달음에 이르는 부처의 접근 방법을 중도라고 한다.

옛날에 아주 엄격한 고행을 하는 수행자가 있었는데, 그는 태양이 하늘에 있을 동안에는 아무것도 먹지도 마시지도 않았다. 그의 고행을 인정이라도 하듯, 근처 산꼭대기에는 환한 대낮에도 모든 사람이 볼 수 있을 정도로 별이 밝게 빛났다. 그 별이 어째서 거기 있는지는 아무도 몰랐다.

어느 날 고행자가 산에 오르려고 하는데 마을의 어린 소녀가 함께 가고 싶다고 졸랐다. 날씨가 더웠기 때문에 두 사람은 금방 목이 말랐다. 고행자가 소녀보고 물을 마시라고 했더니, 소녀는 함께가 아니면 마시지 않겠다고 우겨댔다. 고행자는 난처했다. 단식을 깨기도 싫었지만 어린애가 목이 타 힘들어하는 것도 볼 수 없었던 것이다. 마침내 그는 물을 마셨다. 아이도 따라 마셨다.

고행자는 감히 하늘을 바라볼 수 없었다. 별이 사라진 하늘을 보기가 두려웠던 것이다. 그런데 한참 후 하늘을 바라보았을 때 … 산 위에는 두 개의 별이 환히 빛나고 있었다.

개구리의 기도2

인간 본성

인간은 현실이 아니라 자기 생각에 반응한다.

여행자들이 시골 마을에서 길을 잃어 오도 가도 못하는 신세가 되었다. 그들은 묵은 식량을 배급받아 하루하루 연명하고 있었는데, 개에게 먹여 보고 아무 탈이 없는 것을 확인하고 나서야 음식을 먹곤 했다.

그러던 어느 날 아침 개가 죽었다는 소식을 듣고 모두가 공포에 질렸다. 토하고 설사하면서 열이 난다고 호소하는 사람이 많았다. 식중독에 걸린 사람들을 치료하기 위해 의사가 왔다.

의사는 개의 몸에 어떤 일이 일어났는지 묻는 것으로 진찰을 시작했는데, 그러자 동네 사람 하나가 무심코 말했다.

"아, 그 개 말인가요? 차에 치여 죽었지요. 그래서 도랑에 버렸습니다."

페스트가 다마스커스를 향해 사막을 가로질러 달려가고 있는데, 대상을 이끌고 가던 추장이 앞질러 오면서 물었다.

"어디를 그렇게 달려가는가?"

"다마스커스. 천 명의 목숨을 앗으러 가지."

다마스커스에서 돌아오는 길에도 페스트는 그 대상과 마주치게 되었는데, 추장이 말했다.

"네가 빼앗은 생명은 천 명이 아니라 오만 명이었어."

"천만에." 페스트가 말했다.

"나는 천 명만 건드렸고, 나머지 목숨은 두려움이 앗아갔지."

그들은 사물을 있는 그대로가 아니라 훈련받은 대로 본다.

방금 토미가 바닷가에서 돌아왔다. 엄마가 물었다.
 "거기 다른 애들도 있었니?"
 "네."
 "여자 애들이었니, 남자 애들이었니?"
 "모르겠는데요. 아무도 옷을 입지 않아서. …"

문화와 환경은 그들을 엘리베이터에 가두어 둔다.

성급한 귀부인이 엘리베이터의 버튼을 눌러 놓고는 당장 나타나지 않는다고 안달복달하고 있었다. 마침내 엘리베이터 문이 열리자, 엘리베이터 걸에게 쏘아붙였다.
 "도대체 어디 갔었니?"
 "아주머니, 엘리베이터 안에서 갈 데가 어디 있겠어요?"

그들을 가두고 있는 벽은 현실이 아니라 마음에 있다.

곰은 폭이 6m 되는 우리를 오락가락했다.
 5년 후 우리가 없어졌는데도, 곰은 여전히 그 6m 안에서만 왔다 갔다했다. 마치 거기에 우리가 있기라도 한 듯이. 곰에게는 우리가 있었던 것이다!

늦은 밤 종점에서 비틀거리는 두 신사가 초조하게 버스를 기다리고 있었다. 버스가 끊긴 지 한참 후의 일이었다.

술이 취해 정신이 몽롱한 그들은 막차가 떠난 지 두 시간이 지난 후에야 그 사실을 알게 되었다. 그들은 버스가 여러 대 서 있는 것을 보고 하나 빌려서 집까지 운전해 가기로 했다.

그렇지만 실망스럽게도 그들이 원하는 버스가 없었다.

"이럴 수가 있나?" 한 사람이 말했다.

"백 대나 되는 버스 중에 36번이 하나도 없다니."

"염려 마시오!" 다른 사람이 말했다.

"22번 버스를 타고 종점까지 간 다음 나머지 2마일은 걸어가면 되지 않소?"

그들이 좋아하거나 싫어하는 것은 사람이나 사물의 본질이 아니라 그 외형이다.

어린 소년이 샌드위치 공포증에 걸려 샌드위치를 볼 때마다 두려움에 떨며 비명을 지르곤 했다. 어찌할 바를 모르던 엄마는 정신과 의사에게 데리고 갔다. 의사가 말했다.

"그 공포증은 쉽게 사라질 수 있습니다. 자제분에게 샌드위치 만드는 과정을 처음부터 끝까지 보여 주십시오. 그렇게 하면 샌드위치에 대해 가지고 있던 어리석은 편견이 없어져서, 무서워서 비명을 지르는 일은 없을 것입니다."

엄마는 소년을 집으로 데리고 가서 의사가 시킨 대로 했다. 빵 두 조각을 들고 말했다.

"무섭니?"

"아니오."

이번에는 버터를 집어 들었다. 소년이 싫어했을까? 아니다. 그러자 버터를 빵에 바르는 모습을 보여 주었다. 그다음은 양상추. 무서워했을까? 아니, 무서워하지 않았다. 엄마는 빵 위에 양상추를 놓았다. 토마토는 어떤가? 무서울 이유가 없지. 그래서 그것을 양상추 위에 올려놓았다. 베이컨은? 아니, 전혀 무섭지 않다. 그것들도 토마토 위에 올려놓았다.

이렇게 쌓아 놓은 재료를 양손에 들고 소년에게 보여 주었다. 하나도 무섭지 않다.

그런데 엄마가 그 둘을 합쳐서 샌드위치를 만드는 순간, 소년이 날카로운 비명을 질렀다.

"샌드위치다! 샌드위치다!"

그러고는 부들부들 떨기 시작했다.

날 때부터 앞 못 보는 젊은이가 사랑에 빠졌다.
친구로부터 소녀가 별로 예쁘지 않다는 말을 듣기 전에는
모든 것이 잘되었는데, 친구의 말을 듣고 나자
소녀에 대한 흥미가 모두 사라졌다.
얼마나 안 된 일인가!
그는 그녀를 아주 정확하게 보았었다.
눈먼 사람은 그 친구였던 것이다!

사람들이 자유롭고 책임감 있는 행동이라고 부르는 것을 잘 살펴보라. 생각을 하고 하는 행동이 아니라 기계적인 동작이라는 것을 알게 될 것이다. …

알렉산드리아의 거대한 도서관이 타 버렸을 때 단 한 권의 책만 타지 않았다고 한다. 그것은 아주 평범하고 지루하고 재미가 없는 책이었다. 그래서 글을 겨우 읽을 줄 아는 어느 가난한 사람에게 동전 몇 푼에 팔렸다.

그런데 겉보기에 지루하고 재미없어 보이던 그 책은 아주 값진 책이었다. 표지 뒷면에 크고 둥근 글씨로 아무렇게나 몇 자 씌어 있었는데, 그것은 대기만 하면 모든 것을 황금으로 변하게 하는 작은 돌멩이에 대한 비밀이었다.

그 신기한 돌멩이는 흑해 해변가에 똑같은 모양의 돌멩이 수천 개 사이에 있는데, 단 하나 다른 점은 다른 돌멩이는 감촉이 찬 데 비해 이 돌멩이는 마치 살아 있는 듯 따뜻하다는 것이었다.

그는 행운을 기뻐하며 가진 것을 다 팔아 앞으로 일 년은 견딜 수 있는 돈을 마련하였다. 그러고는 흑해로 가서 텐트를 치고 돌멩이 찾는 일에 착수했다. 고된 작업이었다.

그는 자갈 하나를 집어 들고 감촉을 느껴 보고는 차가우면 바다에 던져 버렸다. 해변에 그대로 두면 어떤 것이 만졌던 것이고 어떤 것이 새것인지 구분할 수가 없었기 때문이다. 그리하여 매일 몇 시간이고 참을성 있게 일을 했다. 자갈을 집어 들고, 차가운지 만져 보고, 바다에 던지고, 다른 것을 집어 들고, 만져 보고, 던지고 …

이렇게 한 주일이 지나고, 한 달이 지나고, 일 년이 지났다. 그는 돈을 빌려 앞으로 2년은 더 지낼 수 있는 준비를 해 놓았다. 돌을 집어 들고, 만져 보고, 던지고 … 한 시간이 지나고, 하루가 지나고, 일주일이 지나고 … 그렇지만 돌은 나타나지 않았다.

어느 날 밤 돌멩이 하나를 집어 들었는데 그 감촉이 따뜻했다. 그런데 그는 순전히 습관적으로 흑해에 던져 버렸다!

… 그리고 몸에 밴 반응이라는 것을.

어느 과학자가 물을 석유로 변화시킬 수 있는 방법에 대해 10년 동안 연구했다. 석유를 만들기 위해서는 단 하나의 공식만 있으면 되는데, 아무리 애를 써도 그 공식을 알아낼 수 없었다.

그러던 어느 날 모든 것을 알고 있는 라마가 티베트 고지에 살고 있다는 사실을 알게 되었다.

그런데 세 가지 조건이 있었다.

첫째는 아주 험난한 길을 혼자 여행해야 한다는 것이었고, 둘째는 그 길을 걸어서 가야 한다는 것이었으며, 셋째는 라마 앞에 서면 질문을 하나만 해야 된다는 것이었다.

그는 몇 달에 걸쳐 고난과 위험을 극복하면서 처음 두 가지 조건을 채웠다. 마침내 라마 앞에 서게 되었는데, 이게 어찌된 일인가! 예상했던 바와는 달리 라마는 늙고 수염 난 노인이 아니라, 눈부시게 아름답고 매력적인 여인이었던 것이다.

라마는 다정하게 미소 지으며 달콤한 목소리로 물었다.

"여행자여, 축하합니다! 우리 성채에 오신 것을 환영합니다. 그런데 알고 싶은 게 무엇이오?"

놀랍게도 과학자의 입에서는 다음과 같은 질문이 튀어나왔다.

"여인이여, 결혼은 하셨습니까?"

그들은 현실을 대하지 않는다.
그들이 반응하는 것은 고정관념이거나 …

국제회의 만찬에서 미국 대사가 옆에 앉은 중국 대사에게 겸손을 가장한 부드러운 태도로 수프를 가리키며 물었다.

"수피 맛있심까?"

중국 대사는 열심히 고개를 끄덕였다.

조금 후에는

"생신 맛있심까?", "괴기 맛있심까?", "괴일 맛있심까?" …

중국 대사는 연신 고개를 끄덕였다.

만찬 끝에 의장이 초청 연사를 소개했는데 바로 그 중국 대사였다. 그가 완벽한 영어로 통찰력 있고 위트 있는 강연을 하는 것을 보고, 미국 대사는 깜짝 놀랐다.

연설이 끝나자, 연사는 미국 대사를 돌아보며 장난기 어린 눈빛으로 말했다.

"수피 맛있심까?"

… 엄격한 원칙이거나 …

두 사냥꾼이 소송을 하게 되었다. 그중 한 사람이 판사에게 메추라기 한 쌍을 가져다주는 게 어떻겠냐고 자기 변호사에게 물었다. 변호사는 기겁을 했다.
"이 판사는 자기가 청렴결백하다는 것을 긍지로 여기는 사람이오. 따라서 뇌물을 가져다주면 당신은 지고 말 거요."
소송에 이긴 그 사람은 변호사를 만찬에 초대하여 메추라기에 대해 충고해 주어서 고맙다고 말했다.
"저는 상대편 이름으로 메추라기를 보냈거든요."

> 의로운 분노도 사람을 눈멀게 할 수 있다.
> 매수되는 것과 다름없이.

… 혹은 외모이거나 …

링컨이 추남이라는 소리를 듣던 어떤 소녀가 아버지와 함께 백악관을 방문하게 되었다.
링컨은 소녀를 무릎에 앉히고는 다정하고 재미있게 대화를 나누었다. 갑자기 소녀가 외쳤다.
"아빠! 대통령은 결코 추남이 아니어요. 아주 멋지셔요!"

한 흑인 소년이 농업 박람회에서 풍선 장수 아저씨를 바라보고 있었다. 수완이 좋은 장사꾼인지 빨간 풍선 하나를 풀어 하늘에 날려 보내자 어린이들이 풍선을 사려고 몰려들었다.

그러자 아저씨는 파란 풍선, 노란 풍선, 하얀 풍선을 하나씩 날려 보냈다. 풍선들은 모두 하늘 높이 솟아 멀리 사라졌다.

까만 풍선을 한참 바라보던 흑인 소년이 물었다.

"아저씨, 이 까만 풍선도 하늘 높이 날 수 있나요?"

풍선 장수 아저씨는 알겠다는 듯 미소 지으며 까만 풍선을 매고 있던 끈을 풀어 하늘 높이 날리면서 말했다.

"얘야, 색깔이 문제가 아니란다. 안에 든 게 문제지."

··· 혹은 신분이거나 ···

아이삭 골드슈타인이 뉴욕에서 먼 친척과 우연히 마주쳤다.

"어떻게 지내시오?"

"모르셨어요? 난 골드슈타인 앤 머피의 동업자이지요."

"골드슈타인 앤 머피? 정말 대단하군! 그건 국제적인 공동 투자 사업으로 온 미국에 소문난 회사 아냐. 솔직히 말해서, 내 주위에도 그런 사람이 있다는 게 좀 놀라운걸."

"그게 놀랍다고요? 그렇다면 더 놀랄 일이 있지요. 내 이름은 머피입니다."

* 골드슈타인은 유대계 이름이고, 머피는 아일랜드계 이름이다 — 역자 주.

러시아 노동조합의 대표가 디트로이트에 있는 공장을 방문하면서, 미국 노동자는 일주일에 몇 시간씩 일하느냐고 물었다. 공장 감독은 40시간이라고 대답했다.

"우리 러시아에서는 60시간이 보통이지요."

"60시간씩이나요? 이 공장에서는 그렇게 일하는 사람이 없습니다. 모두 공산주의자거든요!"

… 그런데, 때로는 … 어쨌든!

어떤 사람이 본당신부에게 말했다.

"내 개가 어제 죽었습니다, 신부님. 그 영혼의 안식을 위해 미사를 드려 주시겠습니까?"

사제는 벌컥 화를 내며 신경질적인 목소리로 말했다.

"나는 동물을 위한 미사는 드리지 않소. 길 저편에 새로 생긴 교회에나 가서 물어보시오. 거기서는 개를 위해 기도해 줄지도 모르니까."

"저는 그 녀석을 무척 좋아했습니다. 그래서 거기에 어울리는 송별식을 하고 싶은 겁니다. 이런 경우에 어떻게 하는 것이 관례인지 모르겠군요. 50만 달러면 될까요?"

"그렇다면 좀 기다려 보시오. 왜 당신 개가 가톨릭 신자란 걸 말하지 않았소?"

그들은 자기들이 합리적이라는 것을 자랑으로 삼고, 또 기막힌 방법으로 보여 준다.

정부 관료가 주립 연방 교도소를 방문하여 사면을 청하는 죄수와 대화를 나누었다.
"여기가 마음에 들지 않으십니까? 당신은 어느 때보다 편안하게 지내고 있지 않습니까?"
"그렇습니다, 선생님. 그렇지만 저는 여길 나가고 싶습니다."
"먹는 것이 시원찮습니까?"
"아닙니다. 그런 게 아닙니다."
"그렇다면 무엇이 문제입니까?"
"여기서 딱 한 가지 마음에 들지 않는 게 있습니다. 주 전체가 이곳에 대해 가지고 있는 평판입니다."

소도시의 한 기자가 시장에 대해 여러 사람에게 물어보았다.
"거짓말쟁이인 데다가 사기꾼이죠." 주유소 점원이 말했다.
"거만한 고집쟁이입니다." 학교 선생이 말했다.
"난 그에게 표를 던진 적이 없어요." 약사가 말했다.
"내가 알기로 가장 부패한 정치가요." 이발사가 말했다.
마지막으로 시장을 직접 만나서 월급이 얼마냐고 물었다.
"무슨 말씀입니까? 저는 월급을 받지 않습니다."
"그렇다면 왜 이 일을 하십니까?"
"명예 때문이지요."

술집에서 취객이 옆에 앉은 사람에게 말했다.
 "정말 이해할 수가 없단 말씀야. 한 잔이면 된다니까, 딱 한 잔. 내가 취하는 데 말요."
 "정말 딱 한 잔이오?"
 "그렇다니까요. 보통 여덟 번째 한 잔에."

라스베이거스에서 어떤 거지가 부유해 보이는 사람에게 다가와 말했다.
 "25달러만 적선하십쇼. 이틀이나 굶었고 잠잘 곳도 없습니다."
 "그 돈으로 도박하려고 그러는 거 아니오?"
 "그럴 리가 없습니다. 노름할 돈은 여기 있는데요."

어느 부부가 갓난 귀여운 강아지 다섯 마리를 사람들에게 나누어 주기로 했다. 남자가 차를 타고 시내를 돌아다니며 강아지를 나누어 주려고 했지만 아무도 받으려 하지 않았다. 지방 방송을 통하여 집안 대대로 내려오는 강아지를 나누어 주겠다고 알리기도 했지만, 아무도 관심을 기울이지 않았다.
 마침내 이웃 사람의 충고에 따라 방송국으로 가서 강아지 한 마리에 25달러라고 광고했다. 그러자 해가 지기도 전에 강아지가 모두 팔렸다.

두 사람이 중고차 파는 곳에 와서 차를 둘러보기 시작했다. 판매원이 다가와서 말을 걸자 한 사람이 "죄송합니다, 우리는 농아입니다" 하고 적은 카드를 내밀었다.

판매원은 메모지를 꺼내어, 그 사람들이 관심을 보이는 차들의 좋은 점을 모두 써서 보여 주었다. 마침내 그들은 말끔하고 작은 폴크스바겐을 사기로 결정했다.

그들이 만족한 표정으로 블럭 주위를 돌며 시험 운전하는 것을 보며 판매원도 이젠 일이 되었구나 하고 좋아하였다. 그런데 주차장으로 돌아온 그들은 단호하게 고개를 가로저었다.

판매원은 수첩에 휘갈겨 썼다.

"왜 그러십니까? 뭐가 잘못되었습니까?"

그중 한 사람이 메모지를 빼앗아 들고는 다음과 같이 썼다.

"라디오가 없습니다!"

대도시에 살던 사람이 어린 시절을 보내던 시골 마을로 돌아왔을 때, 이웃집 사람이 말했다.

"스미드 씨가 농장을 잃은 사실을 알고 계시겠지요?"

"아니오. 무슨 일이 있었습니까?"

"어느 날 스미드 씨는 이웃집 담이 자기 땅으로 5피트 들어와 있다는 것을 알게 되었지요. 이리저리 궁리한 끝에 변호사를 찾아가서 이것은 침입이라고 말했습니다. 변호사도 그렇다고 말했지요!"

볼테르: "나는 두 번 파산했다.
하나는 소송에서 이겼을 때고,
다른 하나는 소송에서 졌을 때다."

자기 상상에 놀아나고 …

"내가 죽은 후에 다른 여자를 아내로 맞아들이면 귀신이 되어서 당신을 괴롭힐 거예요" 하고 아내가 죽어 가면서 말했다.

아내가 죽은 지 몇 달 후에 그는 어느 여인과 사랑에 빠졌다. 그날 밤 아내의 유령이 나타나 배신했다고 심하게 비난했을 때도 무섭기는 했지만 예상했던 터라 그다지 놀라지 않았다.

유령은 밤마다 나타나서 괴롭혔다. 마침내 견딜 수 없게 된 그는 선사를 찾아가서 이 일을 의논하였다.

"그게 유령이란 증거가 있소?"

"내가 말하고 행하고 생각하고 느끼는 것을 하나도 빠짐없이 알고 또 묘사할 수 있다는 거지요."

선사는 콩 한 자루를 주면서 말했다.

"절대로 열어 보지 말고 오늘 밤 유령이 나타나면 보따리에 콩이 얼마나 되는지 물어보시오."

그 질문을 받은 유령은 엇 뜨거라 하며 달아났다. 그리고 다시는 나타나지 않았다.

"왜 그랬을까요?" 나중에 선사에게 묻자, 선사는 미소 지었다.

"유령이 당신이 아는 것만 안다는 게 이상하지 않소?"

어떤 러시아 남자가 아내를 데리고 늑대 사냥을 하러 갔다가 막상 늑대들이 나타나자 아내를 버려 둔 채 달아나 버렸다. 이튿날 아침 그는 문 앞에 화환을 걸어 두고 아내의 죽음을 애도했다. 그렇지만 오래 가지는 않았다. 그에게는 애인이 있었기 때문이다. 그들은 6개월 후에 결혼식을 올렸다.

결혼식 날 밤 전처가 나타나 "도와주세요! 도와주세요!" 하고 울부짖었다. 놀랍게도 새 아내는 아무 소리도 듣지 못했다. 유령이 밤마다 나타나서 도와 달라고 비명을 질렀기 때문에, 남편은 더 이상 참을 수가 없었다. 마침내 어느 날 밤 남편은 총을 꺼내 들고 아내를 두 번 죽이려고 쫓아갔다. 아내는 숲으로 도망쳤다. 따라가던 그는 넘어지면서 총을 놓쳐 버렸다. 그러자 늑대들이 다가와서 그를 물어뜯고 말았다.

자기 감정에 놀아나고 …

식당차에서 한 승객이 주문했다.

"후식으로는 파이와 아이스크림을 주시오."

파이는 없다고 하자 승객은 버럭 화를 내며 말했다.

"파이가 없다고? 말도 안 되는 소리! 나는 이 철도의 가장 중요한 고객인데 … 해마다 수천 명의 관광 여행을 주선하고 수백 톤의 화물을 수송한단 말이오. 그런 내가 기차에 탔는데, 파이같이 하찮은 것도 못 먹다니! 철도청장에게 말해야겠군."

주방장은 웨이터를 한쪽으로 불러 말했다.
"다음 역에서 파이를 구해다 주게."
기차가 다음 역을 출발하자 웨이터가 돌아왔다.
"기뻐하십시오. 주방장이 손님을 위해서 특별히 마련한 파이입니다. 마음에 드셨으면 좋겠답니다. 거기에 우리 열차의 자랑인 75년 된 브랜디도 드리겠습니다."
손님은 냅킨을 테이블에 내던지고는 주먹을 쥐고 소리쳤다.
"파이를 갖고 지옥으로나 꺼져! 난 차라리 불평하는 게 좋아!"

원망할 것이 없다면 우리 삶은 얼마나 공허할까.

단골손님이 오자 주인은 비위를 맞추느라 최선을 다했다. 그런데 손님은 식사 시간에 빵이 한 조각만 나왔다고 불평했다. 그래서 즉시 네 조각을 가져다주자 또 말했다.

"좋소. 그렇지만 이걸로는 턱도 없소. 나는 빵을 좋아하거든. 빵을 많이 가져오시오."

저녁에는 빵을 열두 조각이나 가져왔는데 손님이 또 말했다.

"좋소. 하지만 당신 너무 인색하다고 생각하지 않소?"

그다음 날에는 바구니 가득 빵을 담아 왔는데도 손님은 불평을 멈추지 않았다. 그리하여 지배인이 직접 나서서 가로 1미터 세로 2미터 되는 거대한 빵을 만들었다. 그리고 웨이터와 함께 빵을 지고 가서는 테이블을 두 개 붙여 놓고 그 위에 내려놓았다. 그러고는 반응을 기다렸다.

손님은 그 거대한 빵을 한참 노려보더니 이윽고 말했다.

"결국 또다시 빵 한 조각을 가져왔군."

촛불을 켜는 것은 좋은 일이다.
그렇지만 어둠을 불평하는 것도 재미있는 일이다.

전쟁 중에 나치 수용소에 수용되었던 사람이 함께 그 혹독한 시련을 겪은 친구를 방문했다.
"자넨 나치를 용서했나?"
"그렇다네."
"난 아냐. 내 마음은 아직도 증오로 불타고 있다네."
"그렇다면 자넨 아직도 나치 수용소에 갇혀 있군."

우리 적은 우리를 미워하는 사람이 아니라,
우리가 미워하는 사람이다.

… 그들이 자랑스럽게 느끼는 것은 …

작곡가 조지 거쉰의 한 애호가가 자기 아버지에게 「랩소디 인 블루」가 천재적인 작품이라는 것을 설득하려고 애쓰고 있었다.
"물론이지." 노인이 말했다.
"연주하는 데 15분밖에 안 걸리니까."

... 자신의 업적이다!

열대지방에서 일하는 선교사가 본당 신자들을 비행기에 태워 놀라게 해 주기로 했다. 비행기는 마을과 언덕 그리고 숲과 강 위로 떠올랐다. 신자들은 가끔 창 밖을 내다보기는 했지만 그다지 감동받지는 않은 것 같았다.

비행기에서 내려 땅을 밟았을 때도 별다른 반응이 없었다. 반응을 듣고 싶어서 안달하던 선교사가 외쳤다.

"멋지지 않았습니까? 인간이 얼마나 위대한 일을 해냈는지 생각해 보십시오! 우리는 하늘에 올라가서 집 위에서, 나무 위에서, 산 위에서 땅을 내려다보지 않았습니까?"

모두들 무표정하게 듣고만 있었다. 마침내 지도자가 입을 열었.

"그건 벌레들도 할 수 있는 걸요."

"게다가 그들은 행복하지요!"

수천 년 동안 "진보"하지 못한 부족들이
열린 오두막집에서 자고 있을 때,
진보한 우리는
밤에 문과 창문들을
모두 잠근다.

심리학자가 환자에게 말했다. "정말 죄송합니다!
내가 당신 행동을 바꾸어 드릴 수는 있지만
본성은 시간을 필요로 하고 자체의 리듬을 따르기 때문에 …

잠수함 함장이 기관실을 실험해 보고 싶었다. 그래서 최고 속력으로 달리라고 해 놓고 갑자기 급정지를 하라고 명령했다. 그 명령들은 즉각 실행되었다.

   안내 방송이 켜졌다.

   "선장이 말한다. 기관실은 잘 해냈다. 정확히 55.5초 내에 잠수함이 멈추었다."

   그러자 다른 목소리가 울렸다.

   "주방장이 말한다. 잠수함은 멈추었지만 스테이크와 감자는 계속 가고 있다. 오늘 저녁에는 모두 찬 음식을 먹어야 한다."

… 내가 정말 당신의 문제를 해결할 수는 없고 …

거대 그룹의 한 중역이 놀라운 추진력으로 일을 해내 주위 사람의 부러움을 샀는데, 한 가지 약점 때문에 고민이었다. 주간 보고를 하러 사장실에 들어갈 때마다 바지가 흠뻑 젖곤 했던 것이다! 사장은 의사를 찾아가 보라고 친절하게 조언해 주었다. 그런데 다음 주일에도 바지가 젖어 있었다!

   "의사를 찾아가지 않았소?" 사장이 물었다.

"찾아갔지만 외출 중이었습니다. 그래서 심리학자를 찾아갔는데 이젠 나았습니다. 바지가 젖어도 당황하지 않거든요!"

… 고작 다른 문제로 바꿀 수 있거나 …

2차 대전 직후에 런던 시내버스 안에서 있었던 일이다. 한 승객이 무거운 짐 꾸러미를 무릎 위에 올려놓고 앉아 있었다.
 "거기 안고 계신 그게 뭐예요?" 안내원이 물었다.
 "우리 집 옆에 떨어진 불발탄인데, 경찰서에 가져가는 길이죠."
 "어머나! 그런 물건을 무릎 위에 안고 계시다니! 좌석 아래 내려놓으세요!"

문제의 해결책이 문제를 바꾼다.

… 아니면 문제를 더 크게 만들 뿐입니다.

의사가 환자에게 말했다.
 "10년 동안 나는 당신 죄의식을 치료해 왔소. 그런데 아직도 그런 사소한 일로 죄의식을 느끼다니! 부끄러운 줄 아시오!"

어떤 사람이 정신과 의사에게 갔는데 일중독이라는 진단을 받았다. 그리하여 치료받기 위해 부업을 가져야 했다.

사내아이 둘이 길에서 만났다.
 "몇 살이니?"
 "다섯 살. 너는?"
 "몰라."
 "네 나이도 몰라?"
 "응."
 "여자 애들이 귀찮게 구니?"
 "아니."
 "그럼 넌 네 살이야."

어느 기자가 현대 여성에 대한 남성들의 의견을 묻기 위해 거리로 나갔는데, 처음 마주친 사람은 103회 생일을 갓 지낸 노인이었다.
 "나야 별로 도움이 되지 않을 텐데 …" 하고는 노인이 유감스러운 듯이 말했다.
 "나는 거의 2년 전부터 여자에 대해 생각하지 않게 되었다오."

개구리의 기도 2

관 계

대화는 관계를 활기차게 해 준다.
그러나 대화를 하는 데는 많은 장애가 따르는데,
애석하게도 그 장애를 극복하는 사람은 별로 없다.
대화에서 많은 것이 이루어지도록 하자면,
무엇보다도 말은 적게 하고 좀 더 귀 기울여 들을 것이오 …

데오도르 루스벨트 대통령은 큰 동물 사냥하기를 좋아했다. 어느 날 영국의 유명한 사냥꾼이 미국을 방문하고 있다는 말을 듣고, 조언을 좀 얻을까 해서 백악관으로 초청했다.

방문을 꼭 닫고 아무도 들여보내지 않은 채 두 시간이나 이야기하고 나오는 영국인의 표정은 좀 얼떨떨해 보였다.

"대통령께 무슨 말을 했습니까?" 기자가 물었다.

"내 이름을 말했지요." 녹초가 된 방문자가 대답했다.

미국 대통령 칼빈 쿨리지는 매일 열두 명 정도의 손님을 만났다. 대부분은 이런저런 불만을 가진 사람들이었다.

어느 날 한 정부 관료가 대통령은 그 분주한 중에 어떻게 그렇게 많은 사람을 만날 수 있는지 모르겠다고 하면서 말했다.

"각하는 저녁 식사 때까지는 사람 만나는 일을 모두 마치시는데 저는 한밤중까지 만나도 모자랄 때가 많습니다."

"이유는 간단합니다." 쿨리지가 말했다.

"당신이 말을 하기 때문입니다."

··· 다른 사람이 말할 것을 지레 짐작하지 말 것이요 ···

저녁 식탁에서 열네 살 된 아들이 다음 날 자기 반 아이들을 가르치는 데 선발되었다고 말했다. 아버지는 군사 교수법의 전문가였는데, 자기 훈련과 경험에서 얻은 것을 아들에게 전해 줄 수 있는 절호의 기회라고 생각하였다.

"애야, 군대에서는 이렇게 한단다" 하고 아버지가 말했다.

"먼저 행동과 상황과 실행의 수준으로 이루어진 목표를 선택하지. 이제 네가 학생들에게 실행시키고 싶은 **행동**을, 다음으로 그 **상황**을, 그리고 마지막으로 **좋은 방법**을 미리 결정해라. 그리고 모든 교육은 실행에 있다는 것을 명심해라 — 실행, 실행, 실행."

그런데 소년은 심드렁하게 말했다.

"그래 봐야 아무 소용 없을 거예요, 아빠."

"아니다. 그건 언제나 효과가 있는 방법이다. 왜 해 보지도 않고 안 된다고 생각하니?"

"성性에 관한 수업을 하기로 되어 있거든요."

··· 다른 사람이 바라는 것을 지레 짐작하지도 말 것이며 ···

트럭 두 대가 뒤를 맞대고 서 있는데, 운전수가 이 트럭에서 저 트럭으로 나무 상자를 옮기느라 애쓰고 있었다. 그 힘겨워하는 모습을 보고, 지나던 사람이 도와주겠다고 나섰다. 그리하여 두 사람은 끙끙대며 반 시간이나 애썼지만 아무 소용이 없었다.

"안 되겠네요." 도와주던 사람이 헐떡거리며 말했다.

"우리 힘으로는 아무래도 짐을 내릴 수 없을 겁니다."

"내리다니! 맙소사, 난 내리려는 게 아니라 실으려는 거요."

… 다른 사람이 말했다고 짐작한 것에 반응하지 말 것이요 …

마을의 술주정꾼이 비틀거리며 본당 사제를 찾아왔다. 손에 신문을 든 그 사람은 정중하게 인사했다. 비틀거리는 모습을 본 사제는 화가 나서 인사도 받지 않았다.

그런데 그 사람이 이렇게 찾아온 데는 목적이 있었다.

"실례합니다, 신부님. 관절염의 원인이 무언지 아십니까?"

사제는 그 질문도 무시했다.

그 사람이 같은 질문을 반복하자 사제는 신경질적으로 돌아서서 외쳤다.

"술 마시는 게 원인입니다! 음주가 관절염에 걸리게 합니다! 도박도 관절염에 걸리게 합니다! 행실이 나쁜 여자를 찾아다니는 것도 관절염의 원인입니다. …"

그러다가 다음과 같이 물었을 때는 이미 늦었다.

"그런데 왜 묻는 거요?"

"바로 이 신문에 교황님이 관절염에 걸렸다는 기사가 실렸거든요!"

··· 다른 사람이 무엇을 말할지 안다고 가정하지 말 것이요 ···

점원이 손님에게 말하는 소리가 들려왔다.
 "아닙니다, 아주머니, 그건 몇 주일 동안 오지 않았고, 앞으로도 얼마 동안은 오지 않을 것 같습니다."
 이 말을 듣고 기겁을 한 주인이 막 나가는 손님에게 말했다.
 "아닙니다. 곧 올 겁니다. 실은 몇 주 전에 주문해 두었지요."
 그러고 나서 점원을 한옆으로 데리고 가 호통을 쳤다.
 "물건이 없다는 소리는 절대로 하지 말라구. 절대! 설사 없다고 해도 주문을 해서 지금 오는 중이라고 해야지. 없다고 하면 어떡해? 그런데, 그 여자가 원하는 게 뭔데?"
 "비라더군요."

··· 다른 사람의 말에 자신의 의미를 부여하지도 말 것인데 ···

기자가 100회째 생일을 맞는 노파와 인터뷰를 하고 있었다. 그 노파는 과거 되돌아보기를 좋아하는 사람으로서 아주 활달한 사람인 것 같았다. 그 노파는 덮개 마차 시대부터 초음속 제트기 시대까지 살았는데, 그것을 모두 이야기하느라고 정신이 없었다.
 인터뷰가 끝날 때가 되었지만, 노파는 계속해서 말을 하고 싶어 하는 것 같았다. 그래서 기자는 대화를 지속시킬 만한 질문을 생각해 내려고 애썼다.

"침대에만 누워 있던 적이 있었습니까?"
"오, 그래요." 노파는 얼굴을 약간 붉히며 말했다.
"열두 번 정도 되는데, 두 번은 건초 더미에서였어요."

*… 그러나 애석하게도 우리는
다른 사람의 말을 듣지도 않을 때가 많으며 …*

금혼식 날 수많은 친척들과 친구들이 축하하러 왔기 때문에 노부부는 무척 바쁜 하루를 보내고는 저녁때가 되어서야 지는 해를 바라보며 지친 몸을 벤치에 기댈 수 있게 되었다.
할아버지가 할머니를 사랑스럽게 바라보며 말했다.
"여보, 나는 당신이 자랑스럽소!"
"뭐라구요?" 할머니가 물었다.
"내 귀가 잘 안 들리는 걸 알잖아요. 좀 큰 소리로 말하세요."
"당신이 자랑스럽다고 했소."
"괜찮아요." 할머니는 실쭉해서 대답했다.
"나도 당신에게 싫증이 났으니까요."

*온전히 듣는 것은
다른 사람보다는 자기 자신을 듣는 것이다.
온전히 보는 것은
다른 사람보다는 자기 자신을 보는 것이다.
자기 자신을 듣지 않은 사람은*

다른 사람을 이해하지 못한다.
자기 자신을 탐구하지 않은 사람은
다른 사람의 현실에 어둡다.
온전히 듣는 사람은
다른 사람이 아무 말도 하지 않을 때도 알아듣는다.

신문에 코를 박고 있는 남편에게 아내가 말했다.
"당신 '응, 응!' 하느라 애쓸 필요 없어요.
나는 벌써 10분 전부터 말을 안 하고 있으니까요."

… 그리고 똑같은 것을 이야기할 때는 별로 없는데 …

"여보," 아내가 말했다.
"우리 사는 꼴이 부끄러워요. 집세는 아버님이 내 주시고, 식량과 옷은 오라버님이 보내시고, 전기세와 수도세는 삼촌이 내 주시고, 극장표는 친구들이 사 주고 … 그렇다고 불평하는 건 아녜요. 정말예요. 하지만 우리가 더 잘 할 수는 있다고 생각해요."
"물론 그렇지." 남편이 말했.
"나도 요즘 거기에 대해 좀 생각해 보았지. 당신에게는 한 푼도 보내 주지 않는 오빠와 삼촌이 둘씩이나 있지 않소!"

… 그런가?

아내가 얻어 온 애완용 원숭이가 나스룻딘은 달갑잖았다.

"무얼 먹이게?"

"바로 우리가 먹는 걸 먹이지요."

"잠은 어디서 재우고?"

"바로 여기 우리와 함께."

"우리와 함께? 그 냄새는 어쩌려고?"

"내가 참을 수 있으면 원숭이도 참을 수 있겠죠."

관계를 끊는 가장 확실한 방법: 자기 방식을 고집하는 것

세 아이 중에서 가장 건장하고 튼튼한 조니가, 이웃집 숫염소 빌리와 친구가 되었다. 매일 아침 조니는 잡초와 상추를 뽑아서 빌리에게 가져다주었다. 둘은 아주 친해져서 함께 즐거운 시간을 보낼 때가 많았다.

어느 날 조니는 빌리의 식단을 바꾸어 주는 게 좋겠다는 생각이 들었다. 그래서 상추 대신 대황을 가지고 친구를 찾았다. 대황을 조금 씹어 본 빌리는 별로 마음에 들지 않는지 옆으로 밀어 놓았다. 그러자 조니는 빌리의 뿔 한쪽을 잡고 대황을 먹이려고 애썼다. 그러자 빌리는 조니를 뿔로 받아 버렸다. 처음에는 살짝 받았으나, 조니가 집요하게 고집을 부리자 아주 힘껏 받아 버렸다. 조니는 비틀거리다가 엉덩방아를 찧었다.

화가 잔뜩 난 조니는 물러서서 빌리를 노려보다가 집으로 가서 다시는 돌아오지 않았다. 며칠 후 아버지께서 왜 빌리에게 가서 놀지 않느냐고 묻자 조니가 대답했다.
"빌리가 나를 거절했어요."

우리는 다른 사람을 있는 그대로가 아니라,
우리대로 볼 때가 너무 많다.

활동적인 젊은 여성이 스트레스 증세를 호소해 왔다. 의사는 진정제를 처방해 주며 2주일 후에 결과를 말해 달라고 했다.
 2주 후 차도가 좀 있느냐고 묻는 의사에게 젊은 여성이 대답했다.
 "아니, 그대로예요. 그렇지만 다른 사람들은 훨씬 편안해진 것 같아요."

어떤 사람이 놀러 온 친구에게 이웃 사람 흉을 보고 있었다. 아주 형편없는 가정주부라는 것이다.
 "애들이랑 집 안이 얼마나 더러운지 보면 아실 거예요. 그런 사람과 한동네에 사는 것이 부끄러울 정도라니까요. 저기 빨랫줄에 걸린 옷들 좀 보세요. 이불깃하고 수건의 얼룩들을 보시라니까요."
 친구는 창가에 가서 말했다.
 "내가 보기에 빨래들은 아주 깨끗한데요. 맙소사, 얼룩덜룩한 것은 당신네 유리창이에요."

어떤 부인이 노래 연습을 하고 있는데, 목소리가 너무 듣기 싫어서 이웃 사람은 더 이상 참을 수가 없었다. 마침내 그 사람은 온갖 용기를 다 짜내어 찾아가서 말했다.
"사모님, 노래를 멈추지 않으시면, 미쳐 버릴 것만 같아요!"
"무슨 소리를 하는 거예요?" 여인이 말했다.
"저는 두 시간 전에 노래를 멈추었는데요."

**정말 죄송합니다!
나는 당신을 대하는 게 아니라,
내 머리에 박힌 심상을 대하고 있습니다.**

사무엘은 기분이 울적해졌다. 집주인이 아파트를 비우라고 했는데, 갈 곳이 없는 것이다. 그런데 갑자기 서광이 비치었다. "친한 친구 모시와 살면 되겠군." 그 생각을 하자 마음이 놓였다. 그렇지만 다른 생각이 들었다. "모시가 자기 집에 재워 준다는 보장이 있나?" "왜 없어?" 그런 생각을 하다가 좀 흥분도 했다. "어쨌거나 모시가 지금 살고 있는 집을 찾아 준 사람도 나고, 처음 여섯 달 동안 집세를 낼 수 있도록 가불해 준 것도 난데. 내가 어려움에 처했으니 적어도 한두 주일 정도는 재워 주겠지."

이렇게 생각하자 마음이 편안해졌다. 그런데 저녁이 되자 다시 부정적인 생각이 엄습해 왔다. "거절하면 어떡하지?" "거절한다고?

그럴 리가 있나? 모시가 지금 가지고 있는 것은 모두 내 덕분에 생긴 건데. 직업을 얻어 준 것도 나고, 사랑스런 아내를 소개해 준 것도 난데. 그 아내는 자랑스런 세 아들을 낳아 주었지. … 그런 내게 일주일 동안 방을 내주는 게 못마땅해? 어림도 없는 소리!"

그러자 문제가 해결되었다. 그리고 나서 잠자리에 들었는데 잠이 오지 않았다. "그래도 모시가 거절했을 때를 생각해 보자. 그때는 어떡하지?" 하는 생각이 들자 견딜 수가 없었다. "거절할 리가 없어." 이제 화가 나기 시작했다. "모시가 살아 있다면 그건 내 덕분이야. 어린 시절 모시가 물에 빠져 죽으려 할 때 구해 준 것이 나거든. 그러니 이 한겨울에 나를 길가에 내몰 정도로 그렇게 배은망덕하지는 않을 거야."

그렇지만 어쩔 수 없이 부정적인 생각이 계속 떠올랐다. "그저 가정해 보자. …" 가엾은 사무엘은 견딜 만큼 견디다가 마침내 새벽 두 시에 침대를 박차고 일어나 모시의 집으로 가서 모시가 나타날 때까지 벨을 눌러 댔다.

눈이 반쯤 감긴 채 문을 연 모시가 사무엘을 보고 깜짝 놀랐다.

"사무엘! 이 밤중에 어쩐 일이야?"

그때 사무엘은 소리를 질러 버렸다.

"왜 이 한밤중에 왔는지 말해 주지! 하루라도 재워 달라고 부탁하리라고 생각한다면 오산이야. 나는 자네나, 집, 아내 그리고 가족과 아무 관계도 맺고 싶지 않아. 모두 꺼져 버려!"

말을 마치고 난 사무엘은 발길을 돌려 가 버렸다.

우리는 대개 선입견이라는 색안경을 끼고 바라본다.

"여보게, 비서, 자네 지쳐 보이는군. 무슨 일 있는가?"
"예, 사장님, 저는 … 아니, 말씀드려도 안 믿으실 겁니다."
"아니, 믿겠네."
"아닙니다. 믿지 않으실 겁니다. 저는 잘 알고 있습니다."
"정말 자네를 믿겠네. 약속하지."
"그렇다면 말씀드리죠. 저는 오늘 너무 열심히 일했습니다."
"그럴 리가 있나?"

돈을 꾸러 온 친구에게 나스룻딘은 못 갚을 게 뻔하다고 여기면서도 마음 상하게 하고 싶지는 않고 금액도 작아서 꾸어주었는데, 놀랍게도 정확히 일주일 후에 친구가 돈을 가지고 왔다.
  한 달 후에 친구는 좀 더 많은 돈을 꾸러 왔다. 나스룻딘은 거절했다. 친구가 왜 그러느냐고 묻자 그는 대답했다.
  "지난번에는 돈을 되돌려 받을 생각을 하지 않았는데 자네는 내 기대를 저버렸지. 이번에는 자네가 돌려주리라고 여겨지는데, 두 번 다시 실망하고 싶지 않거든."

다른 사람에게서 보는 결함은 대부분 우리 자신의 결함이다.

"죄송하지만, 선생님," 학생이 조심스럽게 말했다.
 "지난번 리포트 여백에 쓰신 글씨를 알아볼 수가 없습니다."
 "알아볼 수 있게 쓰라고 썼다네."

"여보," 파티에서 어떤 여자가 남편에게 말한다.
 "술 좀 그만 드세요. 당신이 벌써 흐리멍텅해 보여요."

아무것도 바라지 않고 사람을 사귀는 경우란 사실 드물다.

"탐과 파혼했다던데, 어떻게 된 거니?"
 "그 사람에 대한 감정이 변했어. 그뿐이야."
 "그럼 약혼반지는 돌려줄 거니?"
 "오, 아니야! 반지에 대한 생각은 변함없어."

젊은 여성이 인쇄소에 들렀다.

"지난주에 결혼 청첩장을 주문한 게 있는데, 기억하세요? 거기 고칠 게 좀 있는데, 너무 늦지나 않았는지 모르겠네요."

"고칠 내용을 이야기해 주십시오, 한번 알아보겠습니다."

"그러죠. 날짜도 다르고, 교회도 다르고 또 신랑도 달라요."

먼저 자기 자신과 이혼하지 않으면
행복한 결혼을 하기 힘들다.

결혼할 때가 되었다고 생각한 농부가 노새를 타고 신부감을 찾아 읍내로 나갔는데, 이내 훌륭한 신부감을 만나 결혼했다.

결혼식이 끝나자 두 사람은 노새를 타고 농장으로 돌아오고 있었다. 한참 오다 보니 노새가 멈추어 서서 움직이려 하지 않았다. 땅 위에 내려선 농부는 노새가 다시 움직일 때까지 커다란 채찍으로 내리치고는 말했다.

"하나."

몇 마일 후에 노새가 또 멈추자 농부는 내려서서 다시 움직일 때까지 때리고는 말했다.

"둘."

몇 마일 더 가자 노새는 또 멈추었다. 이것이 세 번째였다. 이번에 내린 농부는 아내도 내리게 한 다음 권총을 꺼내 나귀 머리에 대고 즉시 쏘아 버렸다.

"어리석고 잔인한 사람!" 아내가 소리를 질렀다.

"노새는 튼튼한 동물이기 때문에 농사짓는 데 크게 도움이 될 텐데, 화가 난다고 죽여 버렸으니 … 당신이 이렇게 무자비한 사람인 줄 알았으면 결혼하지도 않았을 거예요! …"

농부는 아내가 숨을 돌리려고 멈출 때까지 10분 이상을 듣고 있다가 말했다.

"하나."

그런 일이 있은 후 그들은 아주 행복하게 살았다고 한다.

"자네 좀 지쳐 보이는군, 잭. 무슨 일 있나?"

"아침에 귀가해서 옷을 갈아입고 있는데, 아내가 깨면서 말하더군. '당신 왜 이렇게 일찍 일어나세요?' 그래서 싸움을 피하기 위해서 옷을 다시 입고 회사로 돌아왔지."

평화의 대가는?

기분이 한껏 좋아진 히피 두 사람이 길거리를 돌아다니고 있었다. 그때 다른 히피가 다가와서 손을 들며 인사했다.

"안녕들 하십니까?"

그 후 네 블럭쯤 더 가서, 한 사람이 돌아서면서 말했다.

"여보게, 나는 그 사람이 쉬지 않고 이야기할 거라고 생각했다네."

반응은 상대적이다. …

... 그리고

아주 과묵한 농촌 청년이 있었다. 그래서 5년이나 사귀던 여자 친구는, 이 청년에게 청혼받기는 틀렸다고 생각하고 자기가 청혼하기로 마음먹었다.
　어느 날 정원에서 둘만 앉아 있을 때 소녀가 말했다.
　"우리 결혼할까요, 존?"
　한참 동안 침묵이 흘렀다. 마침내 존이 말했다.
　"좋습니다."
　그러고 나서 한참 말이 없었다. 답답해진 소녀가 말했다.
　"무슨 말 좀 해 보세요, 존. 말 좀 해 보라니까요."
　"벌써 많은 말을 한 것 같은데요."

옛날 인도에서는 페르시아 두레박으로 우물물을 길었는데, 편리하지만 엄청나게 시끄러운 소리가 나는 기구였다.
　어느 날 기마병이 농장을 지나다가 말에게 먹일 물 좀 달라고 했다. 농부는 기꺼이 두레박을 잡아당겼는데, 말은 시끄러운 소리가 귀에 거슬리는지 우물 가까이 오려고 하지 않았다.
　"그 시끄러운 소리 좀 멈추게 할 수 없소? 말이 물 좀 먹게."
　기마병이 말했다.

"그럴 수는 없습니다." 농부가 말했다.
"물을 마시고 싶다면, 시끄러운 소리도 들어야 합니다. 여기서는 이 소리를 통해서만 물이 나오거든요."

결점과 함께하는 우정.

관계를 맺는 것은 반응하는 것이다.
반응하는 것은 자기 자신을 이해하는 것이다.
자기 자신을 이해하는 것은 깨달음에 이르는 것이다.
관계는 깨달음의 학교다.

개구리의 기도2

봉사

농산물 품평회에서 항상 일등하는 농부가 있었는데, 그는 해마다 자기 씨앗 중에서 가장 좋은 것을 이웃 농부들에게 나누어 주곤 하였다. 어떤 사람이 그 이유를 묻자 그는 말했다.
"다 저를 위해서입니다. 바람이 불면 꽃가루가 이 밭에서 저 밭으로 옮아갑니다. 따라서 이웃 밭에서 질 나쁜 곡물이 자라고 있다면, 내 곡물의 품질도 나빠질 수밖에 없지요. 내가 이웃에게 좋은 씨앗을 나누어 주는 이유는 바로 이 때문입니다."

다른 사람에게 주는 것은 모두
결국 자기 자신에게 주는 것이다.

어느 날 몸의 각 지체가 위에게 엄청난 불만을 품게 되었다. 자기들은 음식을 마련해 운반해 주느라 애쓰는데, 위는 빈둥빈둥 놀다가 게걸스럽게 먹어 대기만 한다는 것이었다.
마침내 그들은 음식을 날라 주지 않기로 했다. 손은 꼼짝도 하지 않았고, 이는 씹지 않았으며, 목은 삼키지 않았다. 이렇게 해서 위도 움직이지 않고는 못 배기게 해 볼 참이었던 것이다.
그런데 시간이 지날수록 몸이 쇠진해져서 드디어는 죽을 지경에 이르렀다. 그제서야 그들은 진정 행복해지기 위해서는 서로 도와야 한다는 것을 깨닫게 되었다.

자신을 돕지 않고는 다른 사람을 도울 수 없다.
자신을 해치지 않고는 다른 사람을 해칠 수 없다.

나스룻딘이 기분 좋은 듯이 중얼거리는 것을 보고 친구가 무슨 일이냐고 물었다.
　나스룻딘이 대답했다.
　"저 멍청한 아메드가 나를 볼 때마다 내 등을 탁 치는 거야. 그래서 오늘은 등에 다이너마이트를 감춰 두었지. 이제 내 등을 쳐 보라지. 제 팔이 달아나고 말 테니까!"

식민 정부 관료가 원주민 독립 지도자에게 말했다.
　"우리가 당신 민족을 억압한 것에 대해 아주 유감스럽게 생각하오. 지금 어떤 문제에 봉착했는데 그걸 풀어 나가도록 좀 도와주지 않겠소?"
　"어떤 문제입니까?"
　"잘 들어 보시오. 당신을 기둥에 묶어 놓고 그 주위에 불을 놓는다면, 당신에게 문제가 생길 거요, 그렇지 않소?"
　"내게 문제가 생긴다니오? 나를 놓아준다면, 모든 게 잘 될 거요. 하지만 화형에 처한다고 합시다. 나야 죽어 버리면 그만이지만 당신에게는 문제가 생기지 않을까요!"

뉴욕에서 기차를 탄 승객이 승무원에게 자기는 포담에 가는 길이라고 말했다.

"토요일에는 포담에 서지 않는데요" 하고 승무원이 말했다.

"하지만 방법이 하나 있기는 합니다. 기차가 포담 역에 가까워지면서 속도를 늦추면 문을 열어 드리지요. 그때 차에서 뛰어내리십시오. 기차가 가는 방향으로 내리셔야 합니다. 그렇지 않으면 넘어질지 모르니까요."

포담에서 문이 열리자 승객이 뛰어내렸다. 그러자 그것을 본 다른 칸의 승무원이 문을 열고 급히 잡아 올렸다. 기차가 다시 속력을 내고 있는 찰나에 일어난 일이었다.

"손님, 운이 참 좋으십니다." 승무원이 말했다.

"이 기차는 토요일에는 포담에 서지 않거든요."

자신의 작은 방법으로 다른 사람에게 도움이 될 수 있다.
그들의 길에서 벗어나게 함으로써.

어떤 일을 하는 훌륭한 방법이 있는가 하면,
하지 않은 채로 놓아두는 훌륭한 방법도 있다.

젊은 여인이 사람이 오랫동안 열에 노출되어 있으면 기절할 수 있다는 기사를 읽은 적이 있었다. 그래서 교회에서 옆 좌석의 중년 신사가 머리를 바닥으로 쑤셔박는 것을 보고도 별로 놀라지 않았다. 여자는 재빨리 무릎을 꿇고 그 남자의 머리를 두 손으로 받치고는 그의 무릎 사이로 밀어 넣었다.

"머리를 숙이세요." 그 여자는 끈질기게 속삭였다.

"머리에 피가 돌면 좀 나아질 거예요."

그것을 본 신사의 아내는 돕기는커녕 허리가 끊어져라 웃어 대기만 했다. 젊은 여인은 그 부인이 아주 인정머리 없는 사람이라고 생각했다.

그때 숙녀의 손에서 겨우 빠져나온 신사가 말했다.

"도대체 당신은 왜 남의 일에 참견하는 거요? 나는 의자 밑에 떨어진 모자를 주우려던 참이었단 말이오!"

상황을 개선하려고 애쓴다는 게
아주 악화시키는 결과를
가져올 때가 적지 않다.

결국
문제의 해결책은
행동하거나
행동하지 않는 데 있는 것이 아니라,
이해하는 데 있다.
왜냐하면 참된 이해가 있는 곳에는
문제가 있을 수 없기 때문이다.

사제가 지나다 보니 어린 소년이 벨을 누르려고 팔짝팔짝 뛰며 애쓰고 있었다. 가엾게도 그 벨이 너무 높았던 것이다. 사제는 다가가서 대신 벨을 눌러 주고는 다정하게 물었다.

"이제 무얼 해야지?"

"죽어라고 뛰어야죠!"

교사가 어린이들에게 동물에게 친절하게 대해 준 경험이 있으면 발표하라고 했다. 몇 어린이가 감동적인 경험담을 이야기했다. 자기 차례가 되자 토미는 자랑스러운 듯이 말했다.

"저는요, 어떤 애가 개를 발로 차는 걸 보고 그애를 발로 차 주었어요."

모든 전쟁을 끝내기 위해 전쟁을 일으키는 것이나,
사랑하기 위해 폭력을 사용하는 것이나.

아주 옛날 중국에 전에 없이 희귀한 새가 날아와 도성 외곽에 앉았다. 황제는 몹시 기뻐하며 수라상에 있는 음식을 가져다주고 궁정 악단에게 음악을 연주해 주라고 명했다.

그렇지만 새는 어리둥절한 듯 비참해 보이더니, 음식을 건드리지도 않은 채 결국에는 병에 걸려 죽어 버렸다.

새가 독이 있는 딸기를 먹었는데도 아무렇지도 않았다. 그러자 그 딸기를 나중에 먹기 위해서 좀 더 따 두었다가 좀 덜어서 친구 토끼에게 주었다. 토끼는 은혜를 모른다는 소리를 듣고 싶지 않아서 그 딸기를 먹었다. 그리고 죽었다.

선한 의도로 한 것도 죄라면
죄 없는 사람이 어디 있겠는가?

거지가 사무실에서 나오는 은행가를 보고 말했다.
"한 푼만 주십쇼, 커피 한 잔만 마시게요."
은행가는 초라한 이 사람을 보고 안됐다는 생각이 들었다.
"여기 10달러가 있소. 가지고 가서 커피 열 잔을 드시오."
다음 날 사무실 계단에 서 있던 거지가, 은행가가 나오자마자 주먹으로 한 대 쳤다.
"이봐요, 도대체 왜 이러는 거요?"
"당신과 그 더러운 커피 열 잔 때문이오. 그것 때문에 밤새 잠을 이루지 못했단 말이오!"

당신을 도와주었다는 것을 시인합니다.
이제 나를 용서하고 보내 주겠소?

나스룻딘이 어떤 부자에게 돈을 좀 달라고 했다.
"무얼 하려고요?"
"코끼리를 사려고요."
"돈이 없으면 코끼리를 먹이기도 힘들 텐데요."
"내가 청한 것은 돈이지 충고가 아니오."

응급처치 요원이 바닷가에서 근무를 하게 되었다.
그녀는 빈 병들이 잔디밭 여기저기에 흩어져 있는 것을 보고, 사람들이 무심코 지나다 다칠까 봐 걱정되었다. 그래서 응급처치 도구들을 내려놓고 빈 병들을 줍기 시작했다.
그때 어떤 노신사가 그녀가 하는 일을 쳐다보며 지나가다가, 응급처치 도구에 걸려 넘어져 다쳤다.

"선생님, 일어나세요!"
간호사가 잠든 환자를 흔들어 깨웠다.
"무슨 일입니까? 뭐가 잘못되었습니까?"
깜짝 놀란 환자가 물었다.
"아녜요. 수면제 드리는 것을 잊었어요."

어젯밤 우리 집에 불이 났는데,
다행히도 소방서에서 아무 해도 가하기 전에
불이 꺼졌다.

나는 당신을 도와주고 나서 대단한 불평을 들었다.
하지만 나는 아직도 당신이 감사하는 마음을 가지라고 고집한다.

보석으로 주렁주렁 장식한 귀부인이 런던의 호화 호텔에서 열린 불우 어린이 돕기 자선 무도회에서 먹고 마시고 춤추며 저녁 시간을 보내고 집으로 가는 길이었다.

부인이 롤스로이스를 타려 하는데 거지 소년 하나가 다가와 애절한 목소리로 말했다.

"적선하십쇼, 마님, 6펜스만 … 이틀 동안 아무것도 먹지 못했습니다."

부인은 어린이를 보고 뒷걸음질치며 소리질렀다.

"이런 은혜도 모르는 것 같으니! 내가 너 때문에 저녁 내내 발바닥이 아프도록 춤추었다는 것도 모르니?"

우리가 누군가를 도울 때 그 동기가 사람들 눈에 띄지 않는 것은 하느님께 감사할 일이다.

해변가 연주회가 시시했기 때문에 지방신문에서는 아무런 반응도 보이지 않았다. 1회 공연 이후로 관객이 급격히 줄어들었다. 그런데 하루도 빠지지 않고 와서 연주를 감상하는 사람이 있었다. 키 작은 그 사람을 보면 힘이 났지만, 그렇다고 해서 재정적으로 도움 되는 것은 아니었다.

마지막 밤 매니저가 막 뒤에서 나와 말했다.

"신사 숙녀 여러분, 여러분을 떠나기 전에, 여기 앞줄에 앉은 분의 값진 후원에 대해 감사의 말씀을 드리고 싶습니다. 그분께서는 하루도 빠짐없이 여기 와서 우리 연주를 감상해 주신 것입니다!"

그 사람도 일어나서 더듬더듬 감사의 말을 했다.

"정말 감사합니다. 그런데 사실을 말씀드리자면, 아내가 찾아볼 생각도 못할 곳은 여기밖에 없었기 때문이지요."

"모두 가 버렸는데 제 연설을 끝까지 들어 주시다니, 정말 친절하시군요."

"그렇게 말씀해 주시니 감사합니다. 저는 다음 연사입니다."

옛날에 "은별"이라는 여관이 있었다. 주인은 시설을 편리하게 하고, 서비스를 친절하게 하고, 가격을 조절하는 등 애를 썼지만 수지를 맞추기가 힘들었다. 마침내 자포자기한 그는 현자를 찾아갔다.

사정 이야기를 듣고 난 현자가 말했다.

"아주 간단하다네. 여관의 이름을 바꾸게나."

"그럴 수는 없습니다! 은별이라는 이름은 조상 대대로 내려온 데다 전국적으로 알려진 이름이기도 합니다."

"그렇지 않다네. 여관 이름을 '다섯 종'으로 바꾸고 종 여섯 개를 입구에 매달게나."

"종 여섯 개요? 말도 안 됩니다. 그게 무슨 소용이 있습니까?"

"한번 해 보게나." 현자는 미소 지으며 말했다.

여관 주인은 현자가 시키는 대로 해 보았다. 그랬더니 예기치 않은 일이 일어났다. 그곳을 지나던 여행자들이 모두 자기만 그것을 발견했다고 믿으며, 종이 다섯 개가 아니라 여섯 개라는 것을 지적해 주기 위해서 들어왔는데, 일단 들어와서는 서비스가 융숭한 데 마음이 움직여 그 여관에 머물곤 했던 것이다. 그리하여 여관 주인은 엄청난 돈을 벌게 되었다.

다른 사람의 실수를 지적하는 것보다
즐거운 일도 드물 것이다.

옛날 하느님께서 모든 덕들을 위해 잔치를 베풀었다. 크든 작든, 겸손하든 영웅적이든 … 그들은 웅장하게 장식된 큰 방에 모였는데, 곧 흥이 오르기 시작했다. 서로가 아주 잘 알고 있었을 뿐 아니라 평소 아주 긴밀한 관계를 맺고 있는 것들도 있었기 때문이다.

그런데 하느님이 보시니 유독 두 가지 덕만이 서로를 알지 못하는 데다가 서로 불편하게 여기는 것 같았다. 하느님은 그중 하나의 손을 잡고 다른 하나에게 다가가서 정식으로 소개시켜 주었다.

"감사, 이쪽은 자선이라네."

그런데 하느님이 소개를 마치고 돌아서자마자 그들은 다시 등을 돌렸다. 그때부터 하느님마저도 자선이 있는 곳에 감사하는 마음을 가져다주지 못했다는 이야기가 전해 오고 있다.

방금 도착한 선교사들이 원주민을 고용하여 카누를 타고 콩고에 가고 있었다.

잠시 후 정글 속에서 북 치는 소리가 들려오기 시작했다. 길을 가는 내내 북소리는 일정한 간격을 두고 들려왔다.

"저게 무슨 소립니까?" 선교사 한 사람이 겁에 질려 물었다.

안내원이 북소리를 듣고 해석해 주었다.

"백인 셋이다. 그들은 매우 부자다. 값을 올려라."

시라이의 사디는 다음과 같이 말하곤 했다.
"내게 궁도를 배운 사람들 중 결국 나를
과녁으로 삼지 않은 사람은 없었다네."

어떤 사람이 사고를 당해 쓰러져 있는데, 어떤 여자가 보살피고 있었다. 그리고 그 주위에는 사람들이 모여들어 구경하고 있었다.

그런데 어떤 사람이 나타나서 그 여자를 밀쳐 내면서 말했다.

"죄송하지만 물러나 주십시오. 나는 응급처치 과정을 이수했습니다."

그 여인은 그 남자가 열심히 일하는 모습을 잠시 바라보고 있었다. 그러고는 침착하게 말했다.

"의사가 필요한 부분에서는 저를 불러 주십시오. 제가 바로 의사니까요."

당신이 도와주려고 하는 사람 안에
이미 의사가 있을 때가 의외로 많다.

그런데 왜 응급처치를 하느라 애쓰는가?
의사를 부르라!

아주 의욕이 가득 찬 젊은 사제가 병원 원목으로 임명되었는데, 어느 날 사제는 최근 입원한 환자들의 진료 카드를 훑어보다가 가톨릭 신자 한 사람을 발견했다.
    그런데 거기에는 다음과 같은 말이 첨부되어 있었다.
    "의식이 있는 한에는 사제를 보고 싶지 않음"

도움이나 충고가 필요하다고 생각될 때마다
스스로에게 물어볼 것: "의식이 있다는 게 확실한가?"

어떤 사람이 깊이 잠들어 있는 집에 불이 났다.
    사람들이 창문을 통하여 그 사람을 끌어내려고 애썼지만 소용이 없었다. 다음에는 문을 통하여 끌어내려고 했지만 소용이 없었다. 너무 크고 무거웠던 것이다.
    필사적으로 애쓰고 있는데 어떤 사람이 제안했다.

"그 사람을 깨워 보십시오, 그러면 자기 힘으로 밖으로 나갈 겁니다."

잠자는 사람이나 어린이만이
보살핌 받을 필요가 있다.

깨어나라!
아니면 성장하라!

어떤 신학생이 사람들이 사제에게 기대하는 것은 무엇보다도 자기들 마음속에 있는 걱정거리를 들어 주는 것이라는 소리를 들었다. 그저 듣고, 듣고, 또 들어라. … 도움의 손길을 내밀지는 못할지라도, 함께하는 마음으로 귀 기울일 수는 있는 것이다. 그리하여 그는 그렇게 하기로 굳게 다짐하며 처음 발령받은 본당에 도착했다.

아무리 역겹게 여겨지더라도, 그는 듣고 또 들으려고 애썼다. … 그리고 사람들은 아주 고맙게 여겼다. 그런데 어디에선가 뭔가 잘못되고 있는 것 같았다.

예를 들어, 어느 날 나이 든 여인이 찾아와서 두통을 호소한 적이 있다. 지독하게 아픈 두통을 ….

"당신을 괴롭히는 게 무언지 말씀해 보십시오" 하고 사제는 부드럽게 말했다. 그리하여 사제가 듣고, 듣고, 또 듣는 동안 그녀는 얘기하고, 얘기하고, 또 얘기했다.

언제나 그것은 효과가 있는 것 같았다.

"신부님, 한 시간 전에 올 때는 두통이 아주 심했는데, 지금은 말끔히 가서 버렸네요, 가서 버렸어요."

그러면 사제는 속으로 생각하곤 했다.

"잘 압니다, 잘 알아요. 이제는 내가 두통을 얻게 되었으니까요!"

어떻게 하면 친구를 잘 사귀고 영향력 있는 사람이 되는가에 대한 강의가 진행되고 있는데, 어느 젊은 사업가가 이 강의에서 배운 원칙을 실제 사업에 적용했던 사례를 발표했다. 그것은 놀라운 효과를 거두었다는 것이었다. 그런데!

"저는 여기서 배운 그대로 했습니다" 하면서 그는 말했다.

"다정하게 인사하고 나서 상냥하게 미소 지으며 그 사람에 대해 물었습니다. 그 말에 주의를 기울였고 일부러 맞장구를 쳐 주었습니다. 그리고 당신은 참 좋은 사람이라는 말을 간간이 하기도 했습니다. 그 사람은 한 시간이나 쉬지 않고 이야기했습니다. 그리하여 마침내 그가 회사를 떠날 때 나는 일생의 친구를 사귀었다는 것을 알았습니다."

모두가 정중하게 박수를 쳤다. 박수가 잦아들자, 연사는 흥분해서 말했다.

"그런데 맙소사! 그는 적을 한 사람 만든 것입니다!"

왜 감정적으로 줄 수 없는 선물을 주려고 하는가?

노인들이 외로운 이유는 짐을 함께 질 사람이 없어서가 아니라, 자기 짐만 져야 하기 때문이다.

85세 생일을 맞은 노파가 인터뷰를 하게 되었다. 기자는 연세가 비슷한 분들께 도움이 될 만한 말씀을 해 주십사고 청했다.
 "글쎄요, 우리 나이에는 잠재 능력을 모두 활용하는 것이 매우 중요합니다. 그렇지 않으면 고갈되어 버리고 말지요. 다른 사람들과 함께 지내고 또 가능하다면 일을 하여 생활비를 버는 것이 중요합니다. 그렇게 하면 활기차고 건강한 생활을 할 수 있을 겁니다."
 "할머니 연세에 무슨 일을 해서 돈을 벌 수 있습니까?"
 "나는 이웃에 사는 노파를 돌봐 주고 있습니다" 하고 노파는 예기치 않은 대답을 명랑한 목소리로 하였다.

사랑은
사랑받는 사람이나 사랑하는 사람
둘 다 치유한다.

모세가 이스라엘 백성을 이집트 땅에서 구해 내기 전에 예언자가 되기 위한 준비로 훌륭한 스승 밑에서 교육을 받은 적이 있다는 이야기가 있다. 스승이 처음 시킨 훈련은 침묵이었다. 어느 날 두 사람은 시골길을 돌아다니고 있었다. 자연이 눈부시게 아름다웠으나 거기에 대해 침묵을 지키기는 쉬웠다. 그런데 강가에 이르렀을 때 저쪽 강변에서 어떤 아기가 강물에 빠져 죽어 가고 있는데 그 엄마는 도와 달라고 부르짖고 있었다.

모세는 그런 광경 앞에서는 침묵을 지킬 수가 없었다.

"스승님, 저 아이를 위해 뭔가 하실 수 없습니까?"

"침묵!" 스승이 대답했다. 그래서 모세는 잠자코 있었다.

그렇지만 괴로웠다. 그리고 생각했다. "이분은 인정이 없고 무감각한 사람은 아닐까? 아니면 곤경에 처한 사람을 도울 힘이 없는 것은 아닐까?" 자기 스승에 대해 이런 생각을 한다는 것이 두려웠지만, 그렇다고 그 생각을 떨쳐 버릴 수도 없었다.

그들은 돌아다니다가 바닷가에 이르렀는데, 사람들을 가득 실은 배가 가라앉고 있는 게 보였다. 모세가 말했다.

"스승님, 보십시오! 배가 가라앉고 있습니다!"

그러자 이번에도 스승은 침묵의 원칙을 지키라고 했다. 그래서 더 이상 말할 수가 없었다.

그렇지만 마음이 무척 무거웠다. 그리하여 집에 돌아왔을 때 그 문제를 하느님께 말씀드렸다. 그러자 하느님께서는 이렇게 말씀하셨다.

"네 스승이 옳았다. 물에 빠져 죽어 가던 어린이는, 자라서 전쟁을 일으켜 수십만 명을 살상할 뻔했다. 그 아이가 죽음으로써 이 재난을 면하게 된 것이다. 그리고 가라앉던 배로 말할 것 같으면, 거기에는 해적들이 타고 있었는데, 평화를 사랑하는 순박한 사람들이 살고 있는 바닷가 마을로 쳐들어가서 강탈하고 살육할 참이었단다."

봉사는 지혜를 동반했을 때만 덕이 된다.

농수산부 장관이 농작물에 해 끼치는 참새를 박멸하라는 법령을 내렸다.
 참새들이 모두 사라지자, 이번에는 그 참새들의 먹이였던 곤충들이 떼지어 몰려들어 곡물을 갉아먹기 시작했다. 그러자 장관은 값비싼 살충제를 뿌리라는 명령을 내렸다.
 그러자 농산물 가격이 껑충 뛰어오른 것은 물론이고 건강에도 해로웠다. 그제서야 장관은 참새들이 농작물에 해를 끼치기도 했지만, 식량을 온전하고 값싸게 유지하는 데 한몫했다는 사실을 깨달았다. 그렇지만 이미 때는 늦었다.

황금 배꼽을 가진 사람이 있었다. 보통 사람들에게는 자랑할 만한 일이었지만, 그 사람에게는 보통 난처한 일이 아니었다. 수영을 하거나 샤워를 할 때마다 친구들의 놀림감이 되었던 것이다.
 그리하여 그는 배꼽을 없애 달라고 기도하고 또 기도했다. 그러던 어느 날 꿈속에서 천사가 내려와 그 배꼽의 나사를 빼 놓고는 하늘로 올라갔다.

그는 아침에 일어나자마자 그것이 꿈인지 생시인지 확인하였다. 생시였다! 나사가 풀린 황금 배꼽이 찬란한 빛을 내며 탁자 위에 놓여 있는 것이었다. 그는 기뻐서 침대에서 뛰어내렸는데, 그러자 아랫도리도 떨어져 나갔다!

현명한 사람만이 자기 자신이나 다른 사람을
안전하게 변화시키는 일을 맡을 수 있다.

제법 잘 차려입은 나그네가 문 앞에서 먹을 것 좀 달라고 청하자 주인 여자는 깜짝 놀라면서 대답했다.

"죄송합니다만, 지금은 먹을 게 하나도 없습니다."

"걱정하지 마십시오." 나그네가 다정하게 말했다.

"내 가방에는 죽 만드는 돌멩이가 있습니다. 끓는 물에 그 돌을 집어넣으면, 이 세상에서 가장 맛있는 죽이 될 것입니다. 커다란 솥을 준비해 주십시오."

주인 여자는 호기심이 생겼다. 화롯불 위에 솥을 얹어 놓고는 이웃집 여인에게 돌멩이에 대해 살짝 말해 주었다. 물이 끓기 시작할 즈음에는 죽 만드는 돌멩이를 보기 위해 온 마을 사람이 찾아왔다.

나그네는 돌멩이를 솥에 집어넣고 맛을 보고는 아주 흐뭇한 듯 미소를 지으며 외쳤다.

"정말 맛있구나! 감자 몇 개만 더 있으면 참 좋을 텐데."

"우리 집에 감자가 있습니다."

한 여인이 말하고는 얇게 썬 감자를 듬뿍 가져와 솥에 집어넣었다.

나그네는 다시 한 번 맛보고는 말했다.

"최고로군!" 그리고 잠시 생각하더니 말했다.

"고기만 좀 있다면 아주 맛있을 텐데."

다른 여인이 달려가 고기를 가져왔다. 나그네는 고맙다고 하며 솥에 집어넣었다. 그러고 나서 국물을 한 번 맛보고는 하늘을 쳐다보며 말했다.

"아, 맛있다! 야채만 있다면 정말 완벽할 텐데."

한 아주머니가 집으로 달려가 당근과 양파를 한 바구니 가져왔다. 이것도 솥에 집어넣고 나서 나그네는 명령하는 투로 말했다.

"소금과 간장!"

"여기 있습니다."

"국그릇!"

사람들은 저마다 집으로 달려가서 국그릇을 들고 왔다. 빵과 과일을 가지고 온 사람도 있었다.

그리고 나서 온 마을 사람이 둘러앉아 죽을 먹기 시작했다. 나그네는 죽을 나누어 주고 있었다. 모두가 기분이 좋아 웃고 떠들며 이 첫 번째 공동 식사를 즐겼다.

마을 사람들이 식사를 즐기고 있는 동안 나그네는 조용히 빠져나갔다. 죽을 먹고 싶으면 언제라도 사용할 수 있도록 기적의 돌멩이는 남겨 둔 채 ….

마을에서 큰 축제가 열리는데, 마을 사람들은 커다란 통에 포도주 한 병씩 기부하기로 되어 있었다. 잔치가 시작되어 통의 꼭지를 틀자 놀랍게도 거기서 나온 것은 물이었다. 마을 사람 하나가 "이렇게 엄청나게 큰 통에 물 한 병 붓는다 해서 무슨 일이 일어나는 건 아니겠지" 하고 생각했는데, 다른 사람들도 모두 그렇게 하리라고는 미처 생각하지 못했던 것이다.

이집트 사막 교부들의 이야기

옛날에 나이 든 은자가 있었는데, 매우 금욕적이고 거룩한 사람이었지만 기억력이 없는 게 흠이었다. 그리하여 사부 존을 찾아가 자기 고민을 털어놓고 지혜의 말씀을 듣고 암자로 돌아왔다. 그런데 집으로 돌아오는 길에 벌써 사부 존이 해 준 이야기를 잊어버렸다.

그리하여 다시 사부 존을 찾아가서 같은 말씀을 들었는데, 이번에도 또 잊어버렸다. 이런 일이 여러 번 있었다. 번번이 사부 존의 말씀을 듣고 암자로 돌아오는 길에 잊어버리곤 하는 것이었다.

며칠 후 은자는 길에서 사부 존을 우연히 만나게 되었다.

"스승님, 스승님 말씀을 또 잊어버렸습니다. 그래서 다시 찾아가 뵈려고 했지만, 그러지 않아도 큰 짐이 되어 왔는데, 또다시 짐을 지워 드리고 싶지가 않아서 못 갔습니다."

그러자 사부 존이 말했다.

"가서 램프에 불을 붙이시오."

은자가 램프에 불을 붙이자 사부 존이 말했다.

"램프를 여러 개 가지고 와서 처음 램프에서 불을 붙이시오."

은자는 시키는 대로 했다. 그러자 사부 존은 말했다.

"첫째 램프가 잃은 게 있소?"

"없습니다."

"나도 마찬가지요. 당신만 아니라 세티스 마을 전체에 도움을 주고 조언을 해 준다 해도 나는 하나도 잃는 게 없을 거요. 그러니 원할 때는 언제라도 망설이지 말고 오시오."

사막 교부들의 이야기 또 하나

한 수도승이 선배 수도승에게 질문했다.

"두 명의 수도승이 있다고 합시다. 한 사람은 일주일에 엿새 동안 암자에 앉아 기도하고 단식하며 열심히 수행합니다. 다른 사람은 하루 종일 아픈 사람을 돌보며 지냅니다. 어떤 사람이 하느님 마음에 들겠습니까?"

"단식하고 기도하는 사람이 콧대를 높인다면, 아픈 사람을 단 한 번 돌보는 것보다 나을 바 없겠지요."

제자가 스승에게 여쭈었다.

"저는 그러잖아도 가진 게 많은데, 방금 엄청난 재산을 상속받았습니다. 어떻게 사용해야 제 영혼에 도움이 되겠습니까?"

"일주일 후에 오게. 그때 대답해 줌세."

일주일 후 스승은 한숨을 쉬며 말했다.

"이것 참 난감하군. 친구나 친척들에게 주라고 하면, 자네 영혼에 아무런 도움이 되지 않을 테고, 사원에 가져다주라고 하면 사제들의 탐욕만 만족시켜 줄 테고, 가난한 사람들에게 가져다주라고 하면, 자선을 베풀었다고 뽐내며 독선죄에 떨어지게 될 테니."

그래도 대답해 달라고 조르자 스승은 마지못해 대답했다.

"가난한 사람들에게 주게. 자네에게는 도움 되지 않겠지만 적어도 그 사람들에게는 도움이 될 테니까."

봉사하지 않으면
타인에게 상처를 입힐 것이다.
봉사하면 당신이 상처를 입을 것이다.
이 어려움을 무시하는 것은 영혼의 죽음이요,
이 어려움에서 자유로워지는 것은 영생이다.

집짓기에 여념이 없는 사람이 있었다. 그는 자기 집이 세상에서 가장 멋지고 따뜻하고 안락한 집이 되기를 원했다.

그러던 어느 날 어떤 사람이 와서 세상이 불타고 있으니 도와 달라고 외쳤다. 그렇지만 그가 관심이 있는 것은 자기 집이었지 세상이 아니었다.

그런데 집을 다 짓고 보니 그 집이 자리 잡을 세상이 없었다.

학교 선생이 사회사업을 가르치기를 포기하였다. 친구가 왜 그러냐고 묻자 말했다.

"가정이나 사회에서 보조를 맞춰 주지 않으면 학교에서는 무슨 일을 할 수 없다네. 학교에서 나는 숲에서 상아를 찾는 사람 같다고 느낀다네. 마침내 상아를 발견했을 때는, 그게 커다란 코끼리에 붙어 있는 거야."

신문에 얼굴을 파묻고 있는 남편에게 아내가 말했다.
"인생에는 바깥세상에서 일어나고 있는 일보다 중요한 일이 있다는 것을 생각해 보았어요?"

사람들은 인류를 사랑한다면서도
정작 바로 옆 사람은 견디지 못한다.

개구리의 기도2
깨달음

옛날에 한 석공이 살았는데, 그는 매일 산에 올라가 돌 다듬는 일을 하였다. 가난하면서도 더 이상 바랄 게 없으니 콧노래가 절로 나왔다.

그러던 어느 날 그는 귀족 저택에서 일하게 되었는데, 그 웅장한 저택을 바라보며 난생 처음 욕망 때문에 생기는 고통을 느끼고는 한숨 쉬며 말했다.

"나도 부자라면 얼마나 좋을까! 그렇다면 지금처럼 돈 벌기 위해 땀 흘리며 고생할 필요가 없을 텐데."

그때 "네 소원은 이루어졌다. 이제부터 네가 원하는 것은 무어든 그대로 이루어질 것이다" 하는 목소리가 들려왔으니 얼마나 놀랐겠는가?

그때는 무슨 소린지 몰랐는데, 일을 마치고 집에 돌아와 보니 오두막이 있던 자리에 장엄한 저택이 서 있었다. 낮에 본 것과 똑같은 것이었다. 그때부터 석공은 돌 다듬는 일을 그만두고 부자로 떵떵거리며 살게 되었다.

어느 무덥고 후텁지근한 오후, 우연히 창 밖을 내다보던 그는 왕의 행렬을 보게 되었다. 귀족 수행원들과 노예들을 거느리고 지나가는 왕을 보며 그는 생각했다.

"왕이 되어 시원한 마차를 탈 수 있다면 얼마나 좋을까!"

그 소원은 즉시 이루어져 왕의 마차에 편히 앉게 되었다. 그러나 마차 안은 생각보다 더웠다. 그는 밖을 내다보면서 마차의 두꺼운 벽까지도 뚫고 들어올 수 있는 태양의 위력을 부러워하기 시작했다.

"내가 태양이라면" 하고 그는 중얼거렸다. 그는 즉시 태양이 되어 우주로 열을 내보내고 있었다.

얼마 동안은 모든 일이 순조롭게 이루어졌다. 그런데 비가 오는 어느 날 두터운 구름 벽을 뚫어 보려 했으나 마음대로 되지 않았다. 그래서 구름으로 변해 힘자랑을 하며 태양을 쫓아 버렸다. 이윽고 비가 되어 땅으로 내려갔는데, 커다란 바위가 가로막고 있어 그 주위로 돌아갈 수밖에 없었다.

"아니!" 그는 소리쳤다.

"바위 주제에 나를 이겨? 그렇다면 좋다. 나도 바위가 되어야지." 그는 바위가 되어 산등성이에 우뚝 서게 되었다. 그렇게 멋진 모습으로 기뻐하던 것도 잠시, 발 밑에서 이상한 소리가 들려왔다. 아래를 내려다보았다. 거기에는 아주 작은 인간이 그의 발부리에서 두터운 돌조각을 잘라 내느라 정신이 없었다. 그는 깜짝 놀라 외쳤다.

"아니, 저렇게 보잘것없는 것이 나같이 거대한 바위를 이기다니! 나도 사람이 되고 싶다!" 그리하여 그는 다시 석공이 되어 산으로 올라가 땀 흘리며 돈을 벌었다. 자기가 가진 것에 만족하여 콧노래를 흥얼거리며.

무엇이든 바라볼 때가 더 좋아 보이는 법

제자는 자신의 영적 진보에 대해 매달 스승에게 보고했다.

첫달에는 이렇게 적었다.

"내 마음이 넓어지는 것을 느끼고 우주와 내가 하나 됨을 체험합니다."

스승은 그것을 힐끔 보고는 내던져 버렸다.
다음 달에는 다음과 같이 썼다.
"마침내 모든 것 안에는 신성이 있다는 것을 깨달았습니다."
스승은 실망한 것 같았다.
세 번째 편지에서는 열심히 설명했다.
"나의 경이로운 시야에 하나와 다수의 신비가 펼쳐졌습니다."
스승은 하품을 했다.
다음 편지는 이러했다.
"아무도 태어나지 않고, 아무도 살지 않고, 아무도 죽지 않습니다. 왜냐하면 자아가 없기 때문에."
스승은 두 손 두 발 다 들었다.
그리고 한 달이 지났다. 그리고 두 달, 다섯 달이 지나고, 마침내 일 년이 지났는데도 아무 소식이 없었다. 스승은 영적 진보에 대해 보고할 때가 되었다고 일깨우는 편지를 썼다. 그리고 다음과 같은 답장을 받았다.
"진보 따위는 상관하지 않습니다."
그 글을 읽은 스승의 얼굴에는 만족스런 미소가 번졌다.
"신이여 감사합니다. 마침내 그는 해냈습니다!"

자유를 향한 갈망조차도 속박이다.
당신이 자유롭든 말든 그게 문제가 되지 않을 때야말로
참으로 자유로운 것이다. 당신에게도 그럴 때가 있는가?
만족한 사람만이 자유롭다.

훌륭하지만 좀 어리석은 왕이 울퉁불퉁한 땅 때문에 발에 상처가 났다고 불평했다. 그러고는 온 나라에 쇠가죽을 깔도록 명령했다.

이 말을 들은 어릿광대는 기가 막혀 웃었다.

"폐하, 그건 아주 무모한 발상입니다. 그렇게 낭비할 필요가 뭐 있습니까? 발을 보호하기 위해서라면 쇠가죽 두 조각만 있으면 될 텐데 말입니다."

왕은 그가 말한 대로 했고, 이렇게 해서 신발이 생겨나게 되었다고 한다.

깨달음에 이른 사람은,
세상을 고통 없는 곳으로 만들기 위해서는,
세상이 아니라 자기 마음을 변화시켜야 한다는 것을 안다.

쇼주 선사가 기거하는 절의 이웃 마을에 늑대들이 밤마다 나타나서 사람들을 괴롭혔다. 그러자 쇼주는 일주일 동안 매일 밤 마을 공동 묘지에 가서 명상을 했다. 그러자 늑대들이 나타나지 않게 되었다.

마을 사람들은 감탄해 마지않으며 어떻게 하면 늑대를 물리칠 수 있는지 그 비법을 가르쳐 달라고 졸랐다.

"비법 따위는 없다네. 내가 명상하면서 앉아 있노라니, 늑대들이 모여들어 코끝을 핥고 숨통을 막아 버리는 등 별짓을 다했지. 그래도 마음 자세를 바로 하고 있었더니 물기는커녕 도망가 버리더군."

마하라자가 배를 타고 바다에 나갔을 때 폭풍이 심하게 불고 있었다. 배 안에는 노예 한 사람도 있었는데, 난생 처음 배를 타는지라 두려움에 떨며 울고 있었다. 너무나 큰 소리로 울며 그치려 들지 않아서 사람들은 모두 화가 나서 그 노예를 바다에 내던지기로 했다. 마하라자도 찬성했다.

그러나 현자였던 그의 고문관이 말했다.

"안 됩니다. 제가 맡아서 울음을 그치게 하겠습니다."

그러고는 선원들에게 그 노예를 바다 속으로 세게 던지라고 했다. 바다 속에 빠진 그 불쌍한 노예는 무서워 몸부림치며 비명을 지르기 시작했다. 잠시 후 현자는 그를 배 위로 끌어 올리라고 했다.

배로 돌아온 노예는 쥐 죽은 듯이 조용히 구석에 누워 있었다. 마하라자가 왜 그렇게 했느냐고 묻자 고문관은 대답했다.

"상황이 더 나빠지기 전에는 자기가 얼마나 행복한지 모르는 법이거든요."

2차 세계대전 중에 스무하루 동안 뗏목으로 표류하다가 구출된 사람이 있었는데, 그 체험을 통해 배운 것이 무어냐는 질문을 받으면 이렇게 대답했다.

"먹을 것과 마실 것만 충분하다면 내 여생은 아주 행복할 겁니다."

어떤 노인이 평생에 단 한 번, 신발이 없는데
그걸 살 돈이 없어서 불평한 적이 있었다고 한다.

그러다가 발이 없으면서도
행복해하는 사람을 보고는,
다시는 불평하지 않게 되었다고 한다.

시계공이 시계추를 맞추려는데, 놀랍게도 시계추가 말을 했다.
 "선생님, 제발 저를 내버려 두십시오. 저도 좀 삽시다. 제가 밤낮으로 몇 번이나 똑딱거려야 하는지 생각해 보십시오. 1분은 60초, 한 시간은 60분, 하루는 24시간, 1년은 365일, 한 해 한 해 수백만 번의 똑딱똑딱. 나는 절대로 그렇게 할 수 없습니다."
 그러자 시계공이 말했다.
 "너무 먼 날까지 상상하지 말고 1초에 한 번만 똑딱거리면 된다. 그러면 너는 한 번 한 번 똑딱거릴 때마다 그 자체를 즐길 수 있지."
 시계추는 그 말을 받아들였다. 그리고 지금도 똑딱거리는 일을 즐기고 있다.

현재를 충실하게 산다면
견딜 수 없다는 말은 결코 하지 않을 것이다.
견딜 수 없는 것은 몸은 오전 열 시에 여기 있는데,
마음은 오후 여섯 시에 저기 있는 것이며,
몸은 봄베이에 있는데,
마음은 샌프란시스코에 있는 것이다.

부처님께서 제자들에게 해 준 이야기

호랑이에게 쫓기던 사람이 절벽을 만나 아래로 떨어지다가, 마침 절벽에 자라고 있는 딸기덤불을 가까스로 붙잡을 수 있었다.

그는 얼마 동안 덤불에 매달려 있었다. 위에는 굶주린 호랑이, 아래는 죽음처럼 입을 벌리고 있는 계곡 사이에서.

그때 덤불 속에서 잘 익은 딸기가 눈에 띄었다. 입 안에 군침이 돌았다. 그는 한 손으로 덤불을 잡은 채 다른 손으로 딸기를 따서 입 안에 넣었다. 세상에, 이렇게 맛있는 딸기가 있다니!

깨달음에 이른 사람이
죽음을 의식하면
사는 게 즐거워진다.

겁 많은 여행자가 낭떠러지 가까이 가기를 두려워하며 안내자에게 물었다.

"만에 하나 벼랑에서 떨어지게 되면 어떻게 해야 합니까?"

"그런 경우에는, 선생님," 안내자가 열심히 설명했다.

"앞을 바라보는 것을 잊지 마십시오. 경치가 기막히니까요."

물론이다. 깨달음에 이른 사람이라면!

병원 대기실에 많은 사람이 기다리고 있었다. 그때 노신사가 일어나 접수 담당자에게 다가가 부드럽게 말했다.

"나는 열 시에 오기로 했는데, 지금 열한 시가 다 되어 가는구려. 더는 기다릴 수가 없으니, 약속 시간을 다른 날로 미루는 게 어떨까요?"

그러자 뒤에서 한 부인이 친구 귀에 대고 속삭였다.

"적어도 여든 살은 되었을 텐데, 뭐가 그리 급하다고 기다릴 수 없다는 건지 모르겠군."

이 말을 들은 노신사는 돌아서서 정중하게 말했다.

"제 나이 정확히 여든일곱 살입니다, 부인. 바로 그 때문에 내게 남은 소중한 시간을 단 일 분도 낭비할 수 없는 겁니다."

깨달음에 이른 사람은 지금 하고 있는 일이
절대적으로 중요한 것은 아니라는 것을 알기 때문에
결국 일 분도 낭비하지 않는다.

사형선고를 받은 소크라테스가 감옥에서 형이 집행되기를 기다리고 있었는데, 어느 날 함께 갇혀 있던 죄수가 시인 스테시코로스의 난해한 서정시를 읊고 있었다.

소크라테스는 그 서정시를 가르쳐 달라고 했다.

"왜 그러십니까?"

"죽기 전에 하나라도 더 배우고 싶어서라오."

제자: 왜 돌아가시기 일주일 전에 새로운 것을 배우려 하십니까?
스승: 자네가 죽기 50년 전에 새로운 것을 배우려는 것과 똑같은 이유에서지.

타지마 노 카미는 쇼군의 검도 스승이었는데, 어느 날 쇼군의 경호원이 찾아와서 검도를 가르쳐 달라고 하였다.

타지마 노 카미는 말했다.

"주의 깊게 보아왔는데, 자네야말로 검도에 능하더군. 제자로 받아들이기 전에 자네가 어떤 스승에게 배웠는지 알고 싶네."

"저는 어느 누구에게도 검도를 배운 적이 없습니다."

"내 눈은 속일 수 없다네. 나는 사람을 알아보는 눈이 있는데, 여태까지 한 번도 틀려본 적이 없지."

"스승께서 뛰어나시다는 것을 부정할 생각은 없습니다만, 정말 검도에 대해서는 아는 것이 없습니다."

스승은 그 사람을 잠시 대결시켜 본 후 말했다.

"검도를 배운 적이 전혀 없다고 하니 그대로 믿겠네만, 자네가 검도에 통달한 것은 사실이네. 자네 얘기 좀 들어 보세."

"이런 일이 있긴 했습니다. 제가 어렸을 때, 어떤 사무라이가 사나이는 절대 죽음을 두려워해서는 안 된다고 말해 주었습니다. 그때부터 저는 죽음을 조금도 두려워하지 않게 될 때까지 그 문제를 두고 씨름했습니다."

"아, 그래서 그랬군!" 타지마 노 카미가 외쳤다.

"검도의 결정적인 비결은 죽음에서 해방되는 데 있지. 자네는 검도를 배울 필요가 없다네. 자네 힘으로 통달했으니까."

깨달음에 이르지 못한 사람들은 항상 걱정한다,
수영할 줄 모르는 사람이 물속에 있을 때처럼.
그는 문득 두려워하기 시작한다. 그러면 몸이 가라앉는다.
그렇게 되면 물속에 가라앉지 않으려 애쓰게 되고,
그렇게 할수록 더 깊이 가라앉는다.
만일 두려움을 놓아 버리고 가라앉도록 내버려 둔다면,
몸은 저절로 물 위에 떠오를 것이다.

옛날에 어떤 사람이 간질병 발작을 일으켜 물속에 빠져 버렸다.
나중에 정신을 차려 보니 놀랍게도 둑 위에 누워 있었다.
그를 물속에 빠뜨렸던 발작이 익사에 대한 두려움을
없애 주는 바람에 살아날 수 있었던 것이다.
… 그것이 깨달음이다.

겐지는 일본의 가미가제 특공대원이었다. 그는 조국을 위해 목숨을 바칠 각오가 되어 있었는데, 전쟁이 생각보다 일찍 끝나는 바람에 명예롭게 죽을 기회를 잃어버렸다. 그래서 그는 우울해졌다. 삶에 대한 의욕을 잃어버리고 무엇을 해야 할지 모른 채 도시 주위를 하염없이 방황하였다.

그러던 어느 날 아파트 2층에 강도가 들어 노파를 인질로 삼아 위협하고 있다는 소리를 들었다. 인질범은 무기를 소지한 데다 위험 인물로 알려졌기 때문에, 경찰도 들어가기를 두려워하고 있었다.

그때 겐지가 아파트 안으로 쳐들어가서 도둑에게 노파를 풀어 줄 것을 요구했다. 심한 격투 끝에 도둑이 죽었는데, 겐지 또한 치명상을 입었다. 병원에 실려 간 그는 몇 시간 후에 숨을 거두었다. 입가에 만족스런 미소를 머금은 채. 보람 있는 죽음을 원했던 소원이 이루어진 것이다.

죽음을 두려워하지 않는 사람만이 좋은 일을 할 수 있다.

옛날 중국에 거대한 용 한 마리가 이 마을 저 마을 다니면서 가축과 아이들을 닥치는 대로 죽여 버렸다. 그래서 마을 사람들은 마법사를 찾아가 용을 처치해 달라고 청했다. 마법사는 말했다.

"나도 용을 무서워하기 때문에 없애 버릴 능력이 없습니다. 그렇지만 그럴 만한 사람은 찾아 주겠습니다."

말을 마친 마법사는 용이 되어 다리 한가운데 자리 잡았다. 그러자 사람들은 모두 그 용이 마법사라는 것을 모르고 지나가기를 두려워했다. 그러던 어느 날 한 여행자가 침착하게 용을 타넘고 지나갔다.

마법사는 즉시 인간으로 변하여 그 사람을 불렀다.

"여보시오, 나 좀 봅시다. 당신 같은 사람을 찾기 위해 여러 주일 여기서 기다리고 있었소!"

깨달은 사람은 두려움이 사물 자체에 있는 것이 아니라
그것을 바라보는 방법에 있다는 것을 안다.

어떤 왕이 회교 수도승과 우연히 마주치게 되었는데, 동양에서 왕이 신하를 만날 때 하는 관습에 따라 말했다.
"청할 것이 있으면 말해 보게."
수도승이 대답했다.
"노예에게 청이라니 걸맞지 않는 것 같습니다."
"감히 왕 앞에서 그따위 무례한 말을 하다니! 해명해 보시오. 그렇지 않으면 목이 달아날 테니." 근위병이 말했다.
"내 노예 중에는 왕을 다스리는 이가 있소."
"그게 누구요?"
"두려움이오."

육체가 소멸되면 삶도 막을 내린다.
여기서 육체를 보존하는 것이 사는 것이라는
잘못된 결론이 나올 수도 있다.

암살자의 총알이 생명을 앗아 가지도 못하고,
생명의 연장이 존재를 지속시켜 주지도
않는 곳으로 들어가라.

그리스의 철학자 디오게네스가 포로가 되어 노예시장에 팔려 가게 되었을 때, 경매대에 올라서서 큰 소리로 이렇게 외쳤다고 한다.

"여기 주인이 팔려 가려고 왔노라. 누구 그 주인을 사고 싶은 노예 없느냐?"

**깨달은 사람을 노예로 삼는다는 것은 불가능한 일이다.
그는 노예일 때나 자유인일 때나 변함없이 행복하기 때문이다.**

바그다드의 한 상인이 하인을 시장으로 심부름 보냈는데, 하인은 얼굴이 백짓장처럼 하얘져서 벌벌 떨며 돌아왔다.

"주인님, 시장에서 낯선 사람과 마주쳤는데, 그 얼굴을 보는 순간, 죽음이라는 것을 알았지요. 그는 저를 위협하는 표정을 짓고는 걸어가 버렸습니다. 무서워 죽겠습니다. 당장 고향 사마라에 가게 말 한 필만 주십시오. 될 수 있으면 죽음으로부터 멀리 떨어지고 싶습니다."

상인은 걱정하며 자기 말 중에서 가장 빠른 말을 내주었다. 하인은 그 말을 타고는 쏜살같이 달아났다.

그날 늦게 상인은 몸소 시장으로 나가 보았는데, 사람들 사이에서 어슬렁거리며 돌아다니는 죽음이 눈에 띄었다.

상인은 다가가서 물었다.

"오늘 아침 우리 가엾은 하인을 위협했다는데, 왜 그랬소?"

"위협하지 않았는데, 놀랐을 뿐이지요." 죽음이 말했다.
"여기 바그다드에서 그를 만날 줄은 몰랐거든요."
"왜 여기 있으면 안 됩니까? 여기가 그 사람이 사는 곳인데."
"글쎄, 오늘밤 사마라에서 만나기로 한 걸로 아는데요."

　　　　보통 사람들은 죽음을 너무나 두려워한 나머지,
　　　　피하려고 온갖 애를 쓰다 참된 삶을 살지 못한다.

옛날에 어떤 성자가 무아지경에 빠졌는데, 모두 그가 미쳤다고 여겼다. 어느 날 성자가 마을에서 음식을 얻어다 길가에 앉아 먹고 있는데, 개 한 마리가 다가와 침을 흘리며 쳐다보았다. 그러자 성자는 개에게 음식을 먹이기 시작했다. 한 입은 자기가 먹고 다른 한 입은 개에게 주면서, 마치 오랜 친구들처럼 음식을 나누어 먹고 있었다. 이윽고 많은 사람이 모여들어 이 기이한 장면을 보고 있었다.
　그중 한 사람이 성자를 비웃으며 말했다.
"이렇게 정신 나간 사람에게 무얼 더 기대할 수 있겠습니까? 개와 사람도 구분하지 못하다니!"
　성자는 대답했다.
"왜 비웃소? 당신은 비쉬누가 비쉬누 곁에 앉아 있는 것이 보이지 않소? 비쉬누가 음식을 먹이고 비쉬누가 음식을 받아먹고 있소. 그렇거늘 왜 비웃소? 오, 비쉬누여!"

크리슈나 왕이 아쥰에게 말했다.
"자네는 나보고 신의 화신이라고 하는데, 오늘은 좀 특별한 걸 보여 주겠네. 따라오게."
아쥰은 약간의 거리를 두고 왕을 따라갔다. 그러자 크리슈나가 나무 하나를 가리키며 말했다.
"저기 보이는 게 무언가?"
"커다란 포도나무에 포도송이가 달려 있습니다."
"저것은 포도가 아니라네. 가까이 가서 자세히 보게."
다가가서 본 아쥰은 자기 눈을 믿을 수가 없었다. 크리슈나로부터 나온 가지에 크리슈나 송이들이 매달려 있었던 것이다.

제자들이 스승에게 죽음에 대해 말해 달라고 했다.
"죽음을 무엇에 비길 수 있습니까?"
"휘장이 찢어지며 열리면
'오, 줄곧 나와 함께 계시던 분이 당신이었군요!' 하고
놀라는 것에 비길 수 있다."

옛날 인도의 어떤 왕에게 미쳐 날뛰는 코끼리 한 마리가 있었다. 그 코끼리는 이 마을 저 마을로 돌아다니며 닥치는 대로 부수고 죽였지만, 왕 때문에 아무도 공격할 엄두를 내지 못했다.
그러던 어느 날 자칭 수행자 한 사람이 마을을 막 나서려 하는데, 코끼리가 거리에 나타나 행인들을 공격하고 있었다. 그래서 모두들 거리에 나가지 말라고 수행자를 말렸다.

그런데 수행자는 모든 것 안에서 라마를 보라고 하는 구루의 가르침을 듣고 온 터라, 자기의 우월한 지혜를 보여 줄 수 있게 되었다고 내심 기뻐했다.

"오, 무지한 이들이여!" 그는 말했다.

"당신들에게는 영적인 것을 볼 수 있는 통찰력이 그렇게도 없단 말이오? 당신들은 모든 사람과 사물 안에서 라마를 보아야 한다는 것과, 그렇게 하는 사람은 모두 라마의 보호를 받게 되리라는 소리를 듣지 못했습니까? 나를 보내 주시오. 나는 그 코끼리가 하나도 무섭지 않습니다."

사람들은 그가 미친 코끼리와 통하는 바가 있어 말려 봐야 소용이 없다는 것을 알고 보내 주었다. 그런데 그가 길에 나서자마자 코끼리가 달려들어 코로 휘감아서는 나무로 내던져 버렸다. 그는 비명을 지르기 시작했다. 마침 왕의 경호원이 나타나서 코끼리를 잡았기에 망정이지, 그렇지 않았으면 환상에 사로잡힌 이 수행자는 죽고 말았을 것이다.

몇 달이 지나 여행할 수 있을 만큼 건강이 회복되자, 그는 즉시 구루에게 달려갔다.

"스승님의 가르침은 잘못되었습니다. 스승님께서는 모든 사물에는 라마가 있다고 말씀하셨지요. 저는 그 말씀을 믿고 그대로 행했는데, 자 보십시오, 무슨 일이 일어났습니까?"

스승이 말했다.

"참 어리석기도 하구나. 그렇다면 코끼리에게 덤비지 말라고 하는 사람들 안에 있는 라마는 왜 보지 못했느냐?"

옛날에 동물과 새 모양의 사탕을 파는 사람이 있었다. 사탕은 크기도 가지가지, 색깔도 가지가지였는데, 아이들은 서로 다투곤 했다. "내 토끼가 네 호랑이보다 좋아. … 내 다람쥐가 네 코끼리보다 작지만 맛은 더 있어 …" 하고 말하면서.

사탕장수는 자기가 다른 사람보다 잘났다고 뽐내는 어른을 볼 때마다, 사탕을 가지고 자랑하는 애들보다 하나도 나을 게 없다고 생각하며 웃곤 했다.

깨달음에 이른 사람은
사람들이 우리를 구분하는 기준은
우리 본성이 아니라 우리 문화와 환경이라는 것을 안다.

양치기가 양을 치고 있는데, 지나가던 사람이 말했다.
"훌륭한 양떼를 가지고 있군요. 몇 가지 물어봐도 되겠소?"
"그럼요."
"양들은 하루에 얼마나 걷소?"
"어떤 것 말입니까? 흰 양요, 검은 양요?"
"흰 양."
"글쎄요, 흰 양은 하루에 십 리 정도 걷지요."
"그럼 검은 양은?"
"검은 양도 마찬가지입니다."
"풀은 하루에 얼마나 먹소?"

"어떤 양? 검은 양요?"

"흰 양."

"글쎄요, 흰 양은 매일 2kg 정도 먹습니다."

"그럼 검은 양은?"

"검은 양도 마찬가지입니다."

"이번에는 양털을 1년에 얼마나 깎는지 말해 주겠소?"

"어떤 거요? 흰 양요, 검은 양요?"

"흰 양."

"글쎄요, 흰 양은 매년 약 3kg의 양털을 만들어 낸다고 볼 수 있지요."

"그럼 검은 양은?"

"검은 양도 마찬가지입니다."

나그네는 이상하다는 생각이 들었다.

"당신은 내 물음에 대답할 때마다 하얀 양과 검은 양으로 나누는데, 왜 그러는지 물어봐도 되겠소?"

"글쎄요" 하고 양치기가 말했다. "그야 당연한 일입니다. 흰 양은 제꺼거든요, 아시겠습니까?"

"아! 그러면 검은 양은?"

"검은 양도 마찬가지입니다."

사랑이 하나로 보는 것을
인간은 어리석게도 구분한다.

플루타크 영웅전에 다음과 같은 이야기가 나온다. 알렉산더 대왕이 뼈무더기를 유심히 바라보고 있는 디오게네스와 우연히 마주쳤다.

"무엇을 찾고 계시오?"

"찾아낼 수 없는 그 무엇입니다."

"그게 뭐요?"

"선왕의 뼈와 그분이 부리던 노예들 뼈와의 차이점입니다."

다음은 도저히 구별할 수 없는 것들이다.
가톨릭교도의 뼈와 개신교도의 뼈, 회교도의 뼈와 힌두교도의 뼈,
아랍인의 뼈와 유대인의 뼈, 러시아인의 뼈와 미국인의 뼈.

깨달은 사람에게는 뼈에 살이 붙어 있을 때도
그 차이가 보이지 않는다.

인도의 작은 마을에 베 짜는 사람이 있었다. 그는 신앙심이 매우 깊어 하루 종일 라마를 불렀기 때문에, 사람들은 그를 무조건 믿었다. 그는 옷감을 어느 정도 짰다 싶으면 시장에 내다 팔았는데, 누가 한 필에 얼마냐고 물으면 이렇게 대답하곤 했다.

"라마의 뜻에 의해 실값이 35센트, 수공이 10센트이고, 라마의 뜻에 의해 이익은 4센트입니다. 그리하여 이 옷감은 라마의 뜻에 의해 49센트입니다."

사람들은 그를 믿었기 때문에 흥정을 하지 않았다. 그가 청구한 값을 지불하고 물건을 가져가기만 하면 되었다.

그 베 짜는 사람은 신을 찬양하고 경배하기 위해 밤에 사원에 가곤 했다. 그런데 어느 늦은 밤, 신을 경배하고 있는데 도둑 떼가 들이닥쳤다. 훔친 물건을 지고 갈 사람이 필요한 그들은 "우리와 함께 가자"고 했다. 베 짜는 사람은 물건을 머리에 이고 순순히 따랐다. 그런데 얼마 안 가서 경찰에게 들켜 도둑들은 달아나기 시작했다. 베 짜는 사람도 함께 달아났으나 나이 탓에 기운이 없어 곧 잡히고 말았다. 경찰은 그가 머리에 인 게 훔친 물건인 줄 알고 감옥에 집어넣었다.

다음 날 아침, 그는 절도죄로 고소당하여 판사 앞에 불려 나갔다. 판사가 할 말이 있냐고 묻자 그는 말했다.

"판사님, 지난밤 저는 라마의 뜻에 의해 식사를 마치고 라마의 뜻에 의해 사원에 가서 찬미가를 불렀습니다. 그때 갑자기 라마의 뜻에 의해 도둑의 무리가 침입해서, 라마의 뜻에 의해 훔친 물건을 운반해 달라고 했습니다. 라마의 뜻에 의해 물건을 제 머리 위에 올려놓았을 때, 라마의 뜻에 의해 경찰이 추격하여 저는 쉽게 잡혔습니다. 그리고 라마의 뜻에 의해 투옥되었습니다. 그리하여 라마의 뜻에 의해 오늘 아침 여기 판사님 앞에 서 있는 것입니다."

판사는 경찰관에게 말했다.

"저 사람을 풀어 주시오. 미친 게 분명합니다."

집으로 돌아왔을 때 사람들이 무슨 일이 있었느냐고 묻자 그 신앙심 깊은 사람은 말했다.

"라마의 뜻에 의해 나는 체포되었고, 법정에서 심문을 받았습니다. 그리고 라마의 뜻에 의해 풀려났습니다."

러시아 대초원의 한 마을에 랍비가 살고 있었다. 그는 20년 동안 하루도 빠짐없이 마을 광장을 가로질러 회당에 가서 기도하였다. 그때마다 경찰관이 유심히 지켜보고 있었는데, 그는 유대인을 아주 싫어하는 사람이었다.

그러던 어느 날 아침, 경찰관은 랍비에게 다가가서 어디 가느냐고 물었다.

"모르겠소."

"모른다고? 나는 지난 20년 동안 당신이 광장을 지나 저 회당으로 가는 것을 보아 왔소. 그런데 모른다고! 혼나고 싶소?"

경찰관은 노인의 턱수염을 붙잡고 감옥으로 끌고 갔다. 감옥 열쇠를 돌리고 있는데, 랍비가 눈을 반짝이면서 말했다.

"내가 모른다고 한 이유를 이제 알겠소?"

여행자: 오늘 날씨는 어떨까요?
양치기: 내가 좋아하는 날씨지요.

"당신이 좋아하는 날씨라는 것을 어떻게 압니까?"

"선생님, 제가 좋아하는 것을 항상 얻을 수는 없다는 것을 알고부터는 제게 주어진 것을 좋아하기로 했지요. 그렇기 때문에 오늘 날씨도 제가 좋아하는 날씨임에 틀림없습니다."

행복과 불행은 일어나는 일 자체에 있는 것이 아니라,
그것을 어떻게 대하느냐에 따라 다르다.

새 수도복을 찬찬히 살펴본 노인 수녀가 원장 수녀와 함께 자신의 장례식에 대해 이야기하고 있었다.

"저는 입던 옷을 입고 묻히고 싶습니다." 수녀가 말했다.

"물론이지요. 그게 편하다면!" 원장 수녀가 말했다.

자아가 사라질 때 사람은 죽은 것이다.
그리하여 시체처럼 모든 것에 편안함을 느낀다.
물에 빠지는 데 몰두하고 있는 사람은
기분 좋게 빠지기 위해서 마른 옷을 고집하지는 않는다.

하씨딤에서 나온 이야기

어느 날 밤 랍비 이삭은 멀리 떨어진 프라하로 가서 왕궁으로 통하는 다리 아래 숨겨져 있는 보물을 파라는 꿈을 꾸었다. 처음에는 대수롭지 않게 여겼는데, 같은 꿈을 네댓 번 꾸고 나자 마침내 그 보물을 찾으러 가기로 마음먹었다.

다리에 도착하자 실망스럽게도 군인들이 밤낮으로 철저히 지키고 있어서 멀리서 바라볼 수밖에 없었다. 그런데 랍비 이삭이 매일 오는 것을 보고 이상하게 여긴 초소장이 다가와서 물었다. 그는 다른 사람에게 꿈 이야기를 한다는 사실이 난처했으나 이 선한 그리스도인의 성격에 호감이 가서 모든 것을 이야기해 주었다. 그러자 대장은 큰 소리로 웃으며 말했다.

"맙소사! 랍비인 당신이 이렇게 꿈을 진지하게 받아들이다니요? 만일 나도 당신처럼 어리석게 꿈을 따라 행동했다면, 지금쯤 폴란드를 여기저기 돌아다니고 있을 것입니다. 어젯밤 꿈을 말씀드려 볼까요? 그것은 자주 꾸는 꿈이지요. 꿈에서 어떤 목소리가 크라코로 가서 에제키엘의 아들 이삭이라는 사람의 부엌 구석에 있는 보물을 파라고 하더군요! 그런데 그곳 인구의 반이 에제키엘이고 반은 이삭일 텐데, 거기서 에제키엘의 아들 이삭을 찾는다는 건 세상에서 가장 어리석은 짓이 아닐까요?"

랍비는 어안이 벙벙해졌다. 그는 충고를 해 주어서 고맙다고 인사하고는 서둘러 집으로 돌아가서 부엌 구석을 파 보았는데, 거기에는 평생을 편하게 지낼 수 있을 정도로 많은 보물이 묻혀 있었다.

영적 탐구는 거리가 없는 여행이다.
당신은 지금 있는 바로 그곳에서 시작하여
항상 있어 온 곳으로 여행한다. 무지에서 깨달음으로,
왜냐하면 당신이 보는 것은 모두 늘 보아오던 것을
처음 보는 것이기 때문이다.

당신은 당신에게 데려다 주는 길이나,
언제나 그래 왔던 당신이게 하는
방법에 대해 들어 본 적이 있는가?
영성은 결국 진정한 자신이 되는 데 있다.

한 젊은이가 진리를 향한 열정에 사로잡혀 가족과 친구를 떠나 진리를 찾아 나섰다. 그는 여러 나라를 여행하고 여러 대양을 가로질러 항해했으며, 많은 산을 올랐고 무엇보다도 무수한 고통과 괴로움을 겪었다.

어느 날 그는 잠에서 깨어나 자신이 벌써 일흔다섯 살인데 그렇게 찾아 헤매던 진리를 발견하지 못했다는 것을 알았다. 그래서 아쉽지만 포기하고 집으로 돌아가기로 했다.

이제는 늙어서 고향으로 돌아가는 데도 여러 달이 걸렸다. 집에 돌아가 문을 열자 거기에는 진리가 참을성 있게 기다리고 있었다.

질문: 그의 여행이 진리를 찾는 데 도움을 주었나?
대답: 아니다.
그렇지만 진리를 알아보도록 준비시켜 주었다.

서양 여자 여행자가 원주민의 목걸이를 보고 감탄했다.
"그 목걸이는 무얼로 만들었습니까?"
"악어 이빨입니다, 부인." 원주민이 말했다.
"아, 알았습니다. 당신들에게는 악어 이빨이 우리 진주만큼이나 가치가 있겠군요."
"꼭 그렇다고 볼 수 없지요. 조개는 누구라도 열 수 있으니까요."

깨달은 사람은 인간이 가치를 부여하기 전에는
다이아몬드도 돌에 지나지 않는다는 것을 안다.

그리고 사물은 당신이 가치를 부여하는 데 따라
커지기도 하고 작아지기도 한다.

한 젊은이가 백악관 사무직원이 되어, 대통령이 직원에게 베푸는 연회에 참석하게 되었다. 그는 어머니께서 몹시 기뻐하시리라 여기고는 백악관의 전화 교환대를 통해 전화를 걸었다.
"어머니," 그는 자랑스러운 목소리로 말했다.
"오늘은 굉장한 날입니다. 무슨 소리냐구요? 저는 지금 백악관에서 전화를 걸고 있거든요."
그런데 젊은이가 기대했던 바와는 달리 어머니는 별로 흥분하지 않았다. 대화가 끝날 무렵 어머니가 말했다.
"그런데 애야, 오늘은 내게도 굉장한 날이란다."
"그래요? 무슨 일이 있었습니까?"
"마침내 다락방을 청소했거든."

깨달음에 이르지 못한 사람은
자기가 모든 슬픔의 원인이라는 것을 모른다.

점심시간이었다. 직공 하나가 도시락 뚜껑을 열더니 못마땅한 표정을 지으며 큰 소리로 외쳤다.
"아니, 또 치즈 샌드위치야!"
그다음 날도, 그다음 날도, 또 그다음 날도 그랬다. 그가 투덜거리는 소리를 듣다 못한 동료가 말했다.
"이 사람아, 치즈 샌드위치가 그렇게 싫으면 아내에게 다른 것을 만들어 달라고 하지 그러나?"
"이 샌드위치는 내가 직접 만든 거라네. 난 아직 결혼을 안 했거든."

존과 메리가 밤늦게 길을 가고 있었다.
"존, 무서워 죽겠어." 메리가 말했다.
"뭐가 무섭다는 거야?"
"네가 키스할까 봐. …"
"양손에 양동이를 들고 또 양 겨드랑이에는 닭을 끼고 있는데, 어떻게 키스할 수가 있겠어?"
"네가 양동이 안에 닭을 넣고 키스할까 봐 겁이 났었어."

사람들이 당신에게 하는 행동은
당신이 그들에게 바라 왔던 것일 때가 많다!

북인도에서 군인 두 명이 인력거를 타고 집으로 돌아가고 있는데, 앞에 두 명의 선원이 인력거를 타고 가는 게 보였다.

얼마 후 두 인력거 사이에 시합이 붙었는데, 군인들의 인력거가 앞질러 가게 되었다.

군인들은 이겼다고 안심하고 있는데 놀랍게도 경쟁자들이 휙 지나가는 것이 보였다. 더욱 놀라운 것은 선원 하나가 인력거를 몰고 있고, 인력거꾼은 승객석에 앉아 신나게 응원하고 있는 것이었다.

깨달은 사람은 승리보다는 만족을 택할 것이다.

두 명의 총잡이가 결투를 하게 되어 술집은 깨끗이 치워졌다. 한 사람은 직업적인 총잡이로 체격이 작고 말라서 별로 눈에 띄는 점은 없었다. 그런가 하면 다른 한 사람은 아주 몸집이 크고 건장하였는데, 갑자기 다음과 같이 항의하였다.

"잠깐만! 이건 불공평합니다. 저 사람의 과녁은 내 것보다 큽니다."

그러자 작은 사람이 재빨리 술집 주인을 돌아보며 제안했다.

"저 사람의 몸에 내 몸의 크기로 과녁을 그려 주시오. 그 선 밖으로 나간 총알은 점수에 넣지 않으면 공정할 거요."

**깨달음에 이른 사람은
이기는 것보다는 사는 데 더 관심 있다.**

깨달음에 이르지 못한 사람은 자신이 옳다는 것을 증명하기 위해 영혼이라도 팔려 든다.

"어제 저녁 외출할 때 자정까지 돌아오지 않으면 10달러를 내겠다고 아내와 내기했지요."
"그래서 어떻게 됐습니까?"
"아내가 이길 기회를 주었지요."

깨달음에 이르렀다는 확실한 표시: 사람들의 평판에 신경 쓰지 않게 된다.

어떤 가구 회사에서 한 고객에게 이런 경고장을 보냈다.
　"친애하는 존스 씨,
　당신이 대금을 지불하지 않은 가구를 회수하기 위해 트럭을 보낸다면 이웃 사람들이 어떻게 생각하겠습니까?"

그들은 다음과 같은 답장을 받았다.
　"친애하는 선생님,
　그 문제에 대해 이웃 사람들과 이야기해 보았는데, 다들 야비한 회사가 비열한 수법을 쓴다고 합디다."

최고가 아니면 상대하지 않겠다고 결심하면서 자란 사람이 있었다. 그 결심 때문인지 그는 크게 성공하여 아주 부자가 되었다. 그리고 무어든 최고로 된 것만 갖추고 있었다.

그런 그가 편도선염에 걸렸는데, 자격증 있는 외과 의사면 누구라도 충분히 치료할 수 있는 증세였다. 그러나 그는 자기가 아주 중요한 인물이라는 생각에 집착해 있고 의료계에서 가장 훌륭한 의사에게 치료받아야 한다는 집념에 사로잡혀, 그 분야의 제1인자를 찾아 이 마을 저 마을, 이 나라 저 나라로 돌아다니기 시작했다.

유능한 의사를 추천받을 때마다 그보다 유능한 사람이 있을지도 모른다는 생각이 들어 치료를 미루곤 하였다.

그러다가 아주 외딴 마을에서 병이 극도로 악화되어, 빨리 수술하지 않으면 생명을 잃을 지경에 이르렀다. 그런데 그 마을에는 살아 있는 생물에 칼을 댈 수 있는 사람이 푸줏간 주인밖에 없었다.

그는 매우 훌륭한 직업인으로 최선을 다했지만, 일단 편도선에 칼을 대고 나서는 어찌할 바를 몰랐다. 그래서 자기와 마찬가지로 거기에 대해 아무것도 모르는 사람들에게 조언을 구하느라 마을을 분주하게 돌아다녔다. 그러는 동안 최고만 좋아하던 그 불쌍한 환자는 피를 흘리며 죽어 버렸다.

사자 한 마리가 생포되어 강제수용소로 들어가게 되었는데, 놀랍게도 거기서 오랫동안 산 사자들이 많았다. 그중에는 그 울 안에서 태어났기 때문에 평생 거기서 산 사자들도 있었다.

사자는 수용소 사자들의 사회생활을 어느 정도 파악할 수 있게 되었다. 사자들은 몇 개의 그룹으로 나뉘어져 있었다. 사회사업가들이 있는가 하면, 흥행업자들도 있었다. 문화 그룹도 있었는데, 그들이 하는 일은 사자들이 자유로웠을 때의 관습과 전통 그리고 역사를 신중하게 보존하는 것이었다. 종교적인 그룹도 있었는데, 그들은 모여서 울타리 없는 미래 정글을 감동적으로 노래했다. 천성적으로 문학적이고 예술적인 사자들의 마음을 끄는 그룹도 있었다. 아직도 혁명적인 그룹도 있었는데, 그들은 자기들을 울 안으로 잡아들인 자들이나 다른 혁명 그룹에 대항할 음모를 꾸미기 위해 모였다. 때때로 혁명이 일어나서 한 그룹이 다른 그룹에 의해 제거되거나, 간수들이 모두 죽음을 당하여 다른 간수들로 대치되곤 하였다.

여기저기 둘러보던 신참자는 한 사자가 눈에 띄어 지켜보게 되었다. 그 사자는 항시 깊은 생각에 잠겨 있었으며, 어느 그룹에도 속하지 않고 사자 무리에서 동떨어져 혼자 지낼 때가 많았다. 그 사자는 독특한 분위기로 모든 사자들의 선망과 적개심의 대상이 되었는데, 그 사자가 있다는 것만으로도 두려움과 자기 의혹이 일어났던 것이다. 그 사자는 신참자에게 말했다.

"어떤 그룹에도 속하지 마시오. 이 가련한 사자들은 근본적인 것은 무시하고 그 주변에서 분주하게 왔다 갔다 합니다."

"그 근본적이라는 게 뭡니까?"

"울타리의 본성을 연구하는 거지요."

중요한 것은 단 하나!

인간의 상황은 밤늦게 공원 밖에 서서 담장을 치면서 "나가게 해줘요!" 하고 소리치는 불쌍한 주정뱅이와도 같다.

당신이 언제나 자유로웠으며 현재도 자유롭다는 것을
알지 못하게 가로막는 것은 단 하나,
당신의 환상이다.

자유를 얻기 위한 기본 요소: 깨달음에 이르게 하는 역경

어떤 여행자가 사막에서 길을 잃고 물을 찾아 필사적으로 헤매었다. 어딘가에서 물을 찾을 수 있으리라는 희망을 가지고 이 언덕에서 저 언덕으로 힘겹게 오르내리며 사방팔방으로 찾아다녔으나 허사였다.

그는 비틀거리며 앞으로 나아가다가, 마른 덤불에 발이 걸려 넘어졌다. 그는 일어날 힘도, 더 이상 애쓸 생각도, 이렇게 호된 시련에서 살아나리라는 희망도 없이 누워 있었다.

모든 희망을 잃고 기진맥진하여 누워 있는데, 문득 사막의 고요가 온몸으로 전해져 왔다. 사방은 아주 작은 소리도 없이 웅장한 침묵이 지배하고 있었다. 그는 문득 고개를 들었다. 어떤 소리가 들려왔던 것이다. 너무 작아서 아주 깊은 고요 속에서 귀 기울여야만 들을 수 있는 소리였다. 졸졸졸!

그는 물소리가 주는 희망에 용기를 얻어 샘물로 기어갔다. 거기에는 신선하고 차가운 물이 흐르고 있었다.

이 세계 말고 다른 세계는 없다.
그런데 그것을 보는 데는 두 가지 방법이 있다.

옛날 인도에 자나카라는 슬기로운 왕이 있었다. 어느 날 왕은 꽃이 뿌려진 침대에서 깜박 잠이 들었다. 시종은 부채질을 하고, 병사들은 문밖에서 지키고 있었다. 자나카는 잠든 사이에 이웃 나라에게 정복당하여 자신은 감옥에 갇혀 고문을 당하는 꿈을 꾸었다. 자나카는 고문이 시작되자마자 깜짝 놀라 잠에서 깨어났는데, 자기는 여전히 시종이 부채질해 주고 병사가 지키는 가운데 꽃이 뿌려진 침대에 누워 있었다.

다시 잠이 들어 똑같은 꿈을 꾸었는데, 다시 일어나서 보니 여전히 안전하고 편안하게 자기 궁에 있는 것이었다.

이제 한 가지 생각이 자나카를 혼란스럽게 했다. 자는 동안에는 꿈의 세계가 현실인 것 같았는데, 깨어 있는 동안에는 감각의 세계가 현실인 것 같았다. 자나카는 이 두 세계 중 어떤 것이 실재하는 세계인지 알고 싶었다.

그런데 철학자, 학자, 예언자 등 많은 사람에게 자문을 구했지만 대답을 얻지 못했다. 이렇게 하면서 여러 해가 지났다. 그러던 어느 날 아슈타바크라라는 사람이 궁전 문을 두드렸다. 아슈타바크라는 아주 일그러졌거나 삐뚤어졌다는 뜻인데, 이 사람이 그 이름을 가지게 된 것은 태어날 때부터 외모가 일그러졌기 때문이었다.

처음 이 사람을 보았을 때 왕은 하찮게 여기며 물었다.

"어떻게 자네같이 흉하게 생긴 사람이 예언자나 학자들도 모르는 지혜를 알 수 있겠는가?"

"어렸을 때부터 저에게는 모든 길이 막혀 있었습니다. 그래서 저는 열심히 지혜의 길을 추구했습지요."

"그렇다면 말해 보게."

"폐하, 깨어 있는 상태나 꿈 꾸는 상태나 모두 실재가 아닙니다. 폐하께서 깨어 있을 때 꿈의 세계는 존재하지 않고, 폐하께서 꿈 꿀 때는 감각의 세계가 존재하지 않습니다. 그러므로 어떤 것도 실재하는 것이 아닙니다."

"깨어 있는 상태나 꿈 꾸는 상태 모두 실재가 아니라면, 도대체 무엇이 실재란 말인가?"

"이 두 가지를 초월하는 상태가 있습니다. 그것을 찾으십시오. 그것만이 실재입니다."

깨달음에 이르지 못한 사람은
자신이 깨어 있다고 생각한다.
따라서 그들은 어리석게도 어떤 사람은 좋고
어떤 사람은 나쁘다고 하는가 하면,
어떤 일은 기쁘고 어떤 일은 슬프다고 말한다.

깨달음에 이른 사람은 삶과 죽음, 성장과 소멸,
성공과 실패, 가난과 부, 명예와 수치 등에 좌우되지 않는다.
그들은 굶주림, 갈증, 더위, 추위조차도 삶의 강에서
덧없는 것이라고 여기기 때문에 더 이상 고통 받지 않는다.
그들은 자신들이 보는 대상은 전혀 변화시킬 필요가 없고
그것을 보는 방법만 변화시키면 된다는 것을 안다.

그래서 그들은 부드럽고 유순하지만
막힘이 없고 애써 노력하지 않고도
만물에 유익을 주는 물의 속성을 지니게 된다.
아집이 없는 그들의 행동에 사람들이 변화되고,
그 초연함으로 온 세상이 번성한다.
그리고 그 욕심 없는 마음으로
사람들을 오염에서 보호한다.

논에 물을 대기 위해 강물을 끌어들인다.
그 물은 자신이 강에 있든 들판에 있든
전혀 상관하지 않는다. 이와 마찬가지로,
깨달음에 이른 사람은 자신들의 운명에 순응하여
즐겁고 활기차게 활동하며 산다.

생기 있는 유연성을 싫어하고
반복적인 훈련과 질서, 일상적인 일,
정통성과 순응을 바탕으로 자라난 사람들은
사회에서 절대로 용서하지 못할 적들이 된다.

마미야는 유명한 선사인데, 선을 배울 때에는 무척 고생했다.
　스승은 한 손으로 손뼉을 쳤을 때 나는 소리에 대해 설명해 보라고 했다. 마미야는 침식을 잊고 정답을 찾느라 애썼지만 스승은 도무지 만족할 줄을 몰랐다. 심지어는 이렇게 말하기까지 했다.

"너는 열심히 노력하지 않는다. 편안한 것을 너무 좋아하고, 일상 사물에 집착하며, 될 수 있으면 답을 빨리 얻으려고 집착하기까지 한다. 너 같은 사람은 차라리 죽는 게 낫겠다."

다음번 스승 앞에 선 마미야는 아주 극적인 행동을 했다. 한 손으로 치는 손뼉 소리를 설명해 보라는 질문을 받았을 때, 벌렁 나자빠져서 마치 죽은 듯이 움직이지 않았던 것이다.

"좋다. 너는 죽었다. 그런데 한 손으로 치는 손뼉 소리는 어떻게 되었느냐?"

"그 문제는 아직도 풀지 못했습니다."

"바보 같으니라구! 죽은 사람이 말을 하다니, 썩 나가라!"

깨달음에 이를 수는 없을지라도
적어도 일관성은 있어야 한다!

아난다는 석가모니의 가장 충실한 제자였다. 석가모니가 죽은 지 몇 년 후, 깨달음에 이른 사람들의 큰 모임이 계획되었다고 제자 한 사람이 전해 주었다.

그런데 여러 해 동안 열심히 노력했는데도 아직도 깨달음에 이르지 못한 아난다는 모임에 참석하지 않았다.

모임이 있던 날 저녁에도, 아난다는 깨달음에 이를 때까지는 잠도

자지 않겠다고 결심하고 도에 정진했다. 그렇지만 몸만 지칠 뿐이었다. 그렇게 노력했음에도 불구하고 한 치도 앞으로 나아갈 수가 없었던 것이다.

새벽녘이 되자 아난다는 모든 것을 포기하고 좀 쉬기로 했다. 모든 욕망, 심지어 깨달음에 이르고자 하는 바람까지도 버린 상태에서, 그는 누워 있었다. 그때 문득 깨달음이 찾아왔다!

깨달음을 추구하는 사람에게 강물이 말했다.
"사람은 깨달음에 이르기 위해서 정말 그렇게 안달해야 합니까?
나는 어느 길로 가든 고향으로 향하게 되어 있는데요."